T0343625

Todo Messi y más

Jordi Puntí

Todo Messi y más

Nueva edición ampliada y revisada

EDITORIAL ANAGRAMA
BARCELONA

Ilustración y diseño: © lookatcia

Primera edición: abril 2018
Segunda edición: marzo 2023

Diseño de la colección: Julio Vivas y Estudio A

© Jordi Puntí, 2018, 2023
  Por mediación de MB Agencia Literaria, S. L.

© EDITORIAL ANAGRAMA, S. A., 2023
  Pau Claris, 172
  08037 Barcelona

ISBN: 978-84-339-2109-3
Depósito legal: B. 3845-2023

Printed in Spain

Liberdúplex, S. L. U., ctra. BV 2249, km 7,4 - Polígono Torrentfondo
08791 Sant Llorenç d'Hortons

Qué lindo sería ser cinco segundos él, para ver qué sensación.

JAVIER MASCHERANO

A veces me pregunto si Messi es humano.

THIERRY HENRY

El mejor jugador del mundo es Messi. El segundo mejor jugador del mundo es Messi lesionado.

JORGE VALDANO

Sir Isaac Newton nos mira desde allí arriba y dice: «Yo estaba equivocado y Messi tiene razón. Él desafía la gravedad».

RAY HUDSON

El éxito del Barça siempre dependió de la felicidad de Messi.

RAMON BESA

PREÁMBULO DE CALENTAMIENTO

Si has empezado a leer estas páginas, es probable que sientas admiración e incluso devoción por Leo Messi, y que por tanto vieras la semifinal del Mundial de Qatar 2022, entre Argentina y Croacia. Ahora quiero recordar una jugada importante. En el minuto 69, cuando los argentinos ya ganaban 2-0 y tenían el partido de cara, Messi recibió un balón en el centro del campo, junto a la banda. Seguro que te acuerdas, lector: el 10 avanzó directo hacia portería, perseguido todo el rato por el espléndido defensa Gvardiol; al llegar al área le regateó y engañó con el cuerpo un par de veces para hacerse sitio, y cuando llegó a la línea de fondo, centró atrás para que Julián Álvarez anotara el 3-0 definitivo. Fueron doce segundos de movimientos ligeros y al mismo tiempo al límite del esfuerzo, y muchos periodistas comentaron que aquella era la jugada del Mundial y Messi ya había dejado su huella en el campeonato.

Algunos quisieron compararle, por aproximación, con la jugada majestuosa de Maradona contra Inglaterra en México 86, pero yo lo encuentro excesivo. Otros revivieron enseguida el gol maradoniano que Messi se inventó ante el Getafe en 2007, pero también este fue más extraordinario que el lance ante Croacia. A mí me recordó otro gol de antología: ese que Messi logró en la final de la Copa del Rey ante el Athletic Club en 2015. Con una variante: si bien ese día trenzó toda la jugada también en doce segundos, llevó el último regate –o *gambeta*, como lo llaman los argentinos– hacia dentro y encontró espacio para chutar; contra Croacia, en cambio, el regate le salió hacia fuera y, demasiado escorado, tuvo que centrarla con precisión para que Álvarez acabara de dignificar tan preciosa jugada.

He aquí una de las virtudes de los jugadores inventivos como Messi: sus acciones en el campo, sus goles, resuenan en el pasado; a menudo son versiones y variaciones de otros momentos que ya habíamos vivido –protagonizadas por ellos mismos o por otros futbolistas– y nos hacen viajar en el tiempo, revivir emociones que guardábamos como un tesoro en la memoria futbolística. En el caso de la jugada contra Croacia, además, el recuerdo nos permite celebrar algo más: que combina al Barça y la selección de Argentina, los dos grandes escenarios donde le hemos visto realizar las mejores actuaciones.

Por la misma razón, podemos decir que este libro es y no es el mismo que publiqué en la primavera de 2018, *Todo Messi*. O dicho de otra forma: es *Todo Messi* y más. Me acojo a la proclama feliz de Joaquim Maria Puyal cuando retransmitía los partidos del Barça en Catalunya Ràdio y celebraba esos días en que el jugador argentino no tenía freno —«*i més, i més, i més, i més...*», decía, jugando con la similitud de las palabras—, porque me ayuda a definir la cambiante naturaleza de estas páginas, su evolución. Es y no es. Son y no son.

En otoño de 2017, cuando escribía sobre sus proezas, Messi había ganado cinco Balones de Oro (al igual que Cristiano Ronaldo), se preparaba con ilusión para el Mundial de Rusia, y yo solo podía imaginarme que un día se retiraría en el Barça. Han pasado cinco años y medio, una eternidad en la carrera de un futbolista, y Messi ya no marca goles con el FC Barcelona (nada indica que de momento pueda volver a hacerlo). En este tiempo, la Pulga ha vivido con su selección varias decepciones, pero también los mejores éxitos de su vida, incluso por encima de los que logró con el Barça, según él mismo reconoce. En el Mundial de Rusia de 2018 Argentina quedó eliminada, y tampoco ganó la Copa América de 2019, pero sí alzó la de 2021, un título peleado en una final en el mejor escenario posible, Maracaná, nada menos que contra Brasil, y que celebró como el mayor éxito de su carrera hasta en-

11

tonces. De repente, el nuevo seleccionador de Argentina, Lionel Scaloni, había conseguido la cuadratura del círculo: un equipo en el que Leo Messi seguía siendo el líder, pero a la vez los compañeros asumían responsabilidades, le amparaban y así le insuflaban más carácter, más agresividad. Algunos decían que ahora era más argentino, quizá, y menos europeo, y ese detalle –añadido a la experiencia– le permitía convivir más fácilmente con la fama que le precedía, pero al mismo tiempo con la amenaza del drama. Dicho de otro modo: la posibilidad de que se le escapara por última vez un Mundial le fortalecía como una coraza, le daba carácter, y así el capitán acabó levantando la Copa del Mundo en Qatar en diciembre de 2022, y en todo el planeta la gente lo vio y celebró.

Con las imágenes del capitán Messi y sus compañeros saltando de euforia, compartiendo la locura de millones de argentinos y practicantes del culto a Messi en todo el mundo, la fiesta se prolongó durante varios días, y no me sorprendería que a partir de ahora, en la Avenida 9 de Julio de Buenos Aires, hubiera un grupo de gente celebrando la victoria perpetuamente, como si esa alegría fuera una llama que no se puede apagar. Es evidente que este triunfo significará para Messi un antes y un después, la cima de una trayectoria que ya debe estar pensando en cómo quiere que acabe, y más teniendo en cuenta que los últimos cinco años han sido los más tumultuosos de su carrera.

Vuelvo al 2018, cuando se publicó el primer *Todo Messi* y era impensable lo que iba a suceder. En este tiempo, Messi aún ganó algún título más con el FC Barcelona, pero su última etapa se definió sobre todo por las eliminaciones estrepitosas en la Champions League, ante Roma, Liverpool y, especialmente, ante el Bayern de Múnich en cuartos de final en un 2020 dominado por las restricciones y el confinamiento del covid-19: aquel 8-2 hoy en día todavía escuece. Por primera vez en muchos años, el Barça de Messi cerró la temporada sin ganar ningún título.

Fuera de los estadios, como consecuencia de aquellas derrotas (y una nefasta gestión del club por parte de sus directivos y el presidente), también fuimos testigos del momento más crítico de la carrera deportiva de Messi: fue el 5 de agosto de 2021, el día en el que Joan Laporta, nuevo presidente del FC Barcelona, anunció que, por razones económicas derivadas de la norma del *fair play* financiero, el club no podía renovarle el contrato a Leo Messi. La situación era rocambolesca. No olvidemos que casi un año atrás el jugador había anunciado que era hora de dejar el club y buscar nuevos retos profesionales, pero al final se había visto obligado a quedarse hasta que terminara su contrato, en junio de 2021.

13

Ahora, en cambio, cuando finalmente había decidido que se quedaba y seguiría ligado al destino incierto del Barça, el club decía no poder retenerlo por muchos esfuerzos económicos que hiciera. Fue un shock que sacudió como un terremoto el mundo del fútbol, y todavía hoy —cuando el jugador está a las órdenes del Paris Saint-Germain— cuesta entenderlo y digerirlo. Durante dos décadas se había visto su fútbol en Barcelona, y lo que parecía una unión eterna entre club y jugador de repente se había roto.

Hay que decir que, a pesar de todas las crisis, más allá de los títulos y dudas del futuro, aquellos últimos años más bien mediocres del equipo nos habían mostrado un Messi capitán que, más hablador que nunca, siempre daba la cara por el equipo, con una determinación más feliz pese al carácter competitivo, como si liberado de las presiones de la edad entendiera que había que disfrutar de cada minuto que le quedaba de fútbol.

Pondré dos ejemplos concretos. El primero es la victoria ante el Tottenham Hotspur en la liguilla de la Champions League en octubre de 2018. El Barça concretó un nuevo éxito (2-4) en Wembley, con una actuación estelar de Messi que incluyó dos goles, dos disparos al palo y, sobre todo, la sensación de que dirigía a un equipo que se confabulaba para hacer un fútbol brillante y efectivo. Aquella noche muchos británicos, que tradicionalmente habían contemplado al 10 del Barça con un punto de condescendencia isleña —como diciendo «no hay para tanto»—, descubrieron a Messi.

Podríamos pensar que esa excelencia la reservaba para las grandes ocasiones, pero resulta que en la liga española también dejó unas cuantas genialidades. El segundo ejemplo que pervivirá en la memoria colectiva del fútbol es el partido contra el Betis en el Benito Villamarín (1-4) del mes de marzo de 2019. Messi marcó un hat-trick, tres goles coronados por una jugada que uno no puede dejar de ver una y otra vez: recibe un pase de Rakitic en la entrada del área, ligeramente a la izquierda, y tal y como le llega el balón lo acaricia y con un disparo fabuloso, de una precisión nanotecnológica, lo eleva suavemente para que pase por encima del portero Pau López y entre por el palo largo. Inalcanzable. Ni el ordenador más potente de la NASA puede calcular esa parábola, y al mismo tiempo es como si no hubiera hecho nada del otro mundo, tan sencillo parece. Pero quien lo ha visto, sabe que aquello es único, la obra de un virtuoso, y los aficionados del Betis, a pesar de estar perdiendo, aplauden y gritan su nombre: ¡Messi, Messi, Messi! Le agradecen así el privilegio de haberle visto jugar en directo.

Desde 2018 y mi *Todo Messi* también se produjeron varios hechos que de algún modo influyeron en la trayectoria del jugador: Antonella y Leo tuvieron un tercer hijo, Ciro; en noviembre de 2020

15

murió Diego Armando Maradona; Cristiano Ronaldo, su gran rival en honores y récords, pasó por varios equipos, iniciando así una decadencia lastimosa y con episodios de vergüenza ajena; se declaró la pandemia del covid, que provocó el cierre de los campos de fútbol y, en consecuencia, hizo que el último partido oficial de Messi con el Barça se jugara sin público, en medio de una tristeza máxima.

Pese a todo, estas páginas están tocadas por una condición feliz: están inacabadas. Son un *work in progress*, un partido que todavía se está jugando. Mientras Messi sea un futbolista profesional, algunas frases tendrán que cambiar. No me refiero solo a las estadísticas y a los récords que resumen fríamente su trayectoria, sino a las emociones, el entusiasmo, la capacidad de innovar en cada jugada y encontrar soluciones con el balón que hasta entonces ni siquiera se habían planteado en el mundo del fútbol. Como un pintor capaz de inventarse un color porque los que tiene le resultan insuficientes.

Así, la fascinación que Messi provoca en todo el mundo —y que con el Mundial ganado se ha vuelto aún más global— ha hecho que durante estos años la primera edición de *Todo Messi* se haya traducido a once lenguas, desde China a Polonia, de Inglaterra a Siria, o de Turquía a Albania, entre otros. Con cada nueva traducción, los editores me pedían que actualizara los datos, las hazañas que iba consiguiendo el protagonista único de este texto. En cada ocasión, pues, yo iba reescribiendo el texto según las novedades que vivíamos, buenas y malas pero sobre todo buenas, por eso ahora, cinco años y medio después y con un Mundial en el zurrón que para muchos solo ha confirmado una obviedad –que Messi es el mejor jugador de todos los tiempos–, me ha parecido que hacía falta un nuevo empujón para poner al día su carrera prodigiosa, también como una forma de prolongar con la lectura toda aquella felicidad que nos ha dado a lo largo de los años.

Los lectores que se acercaron a *Todo Messi* cuando pensábamos que disfrutaríamos de él siempre, leerán nuevos ejercicios de estilo y al mismo tiempo tendrán momentos de *déjà vu* –o *déjà lu* en este caso–, pero espero que la sensación sea parecida a la de ver esos vídeos de Youtube con sus mejores jugadas, que nunca cansan y a menudo te descubren detalles nuevos. Quienes se sumerjan en este libro por primera vez, ojalá encuentren lo que me motiva a escribirlo y puedan compartirlo: las ganas de fijar el retrato juguetón y sentimental de un genio del siglo XXI.

Hay muchas formas de saber cuál es tu jugador preferido. El cromo que has ido guardando desde pequeño, escondido en alguna cajita como un rey en el exilio, al que solo visitas de vez en cuando, en pleno ataque de nostalgia. Aquella camiseta desteñida con su nombre en la espalda, la misma que has utilizado mil veces y que, por alguna razón misteriosa, siempre te trae buena suerte en las finales. Los vídeos de sus goles y jugadas en Youtube, que algún loco como tú –pero con más tiempo libre– ha recopilado para que los pudieras ver en bucle, sin parar. Durante una época, cuando Romario era mi jugador preferido de todos los tiempos, guardaba una cinta de vídeo con los 30 goles que prometió (y marcó) en una temporada. Más de una vez, si el Barça perdía o pasaba una mala racha, me ponía ese vídeo como quien se toma un analgésico. Y funcionaba. Hablo de la temporada 1993-94, cuando Romario ganó el Pichichi. Ahora esa cifra nos parecería casi normal, porque Leo Messi nos ha malcriado en exceso, pero entonces era un fenómeno sobrenatural. Muchos de esos goles parecían inventados –como si nadie los hubiera podido hacer antes que él–: la cola de vaca a Alkorta, las vaselinas y los esprints de dos metros, el toque suave y preciso o el eslalon en velocidad, la posición de escorzo con que seguía las jugadas, como un depredador al acecho... Puede que a alguien le parezca una blasfemia, pero cuando repaso ese repertorio de jugadas y goles, me parece estar en la antesala de lo que hemos visto durante la última década. Como si el Dream Team hubiera sido el telonero del espectáculo con-

18

seguido por los Xavi, Iniesta, Puyol, Busquets, Messi y compañía, especialmente durante los años en que los entrenaban Pep Guardiola y Tito Vilanova.

Aunque el calendario nos predispone a vivir el fútbol como un fenómeno lineal, que avanza en el tiempo y se renueva en cada partido, con la intriga de los resultados y los campeones que caducan al inicio de una nueva temporada, a mí me gusta verlo como un territorio en el que el pasado y el presente se confunden, y a veces –como en esos versos famosos de T. S. Eliot– incluso influyen en el futuro. Inevitablemente, en este libro saldrán ejemplos prácticos de estas manías mías. El fútbol es también el territorio de la memoria, y si nos apasiona es porque nos permite ir atrás en el tiempo, revivir a los grandes jugadores, olvidar las finales perdidas, sentirnos en el lugar de nuestros héroes, mezclar memoria y deseo. Recuerdo ciertos goles que en realidad no entraron, que fueron al palo o salieron fuera por centímetros, y solo unos años más tarde otro jugador en otro partido los acabó en mi memoria. Él marcaba un gol, pero de hecho estaba marcando dos: uno en el presente, que era el que celebraba, y otro en el pasado, que solo celebraba yo. Quiero decir con esto que el fútbol es mucho más entretenido cuando es visto como un mundo paralelo. Una religión, si se desea, o un sistema filosófico, o una lucha contra el azar. Cada uno ve un partido diferente, todos somos entrenadores, y es en esencia imposible que un jugador de ajedrez profesional y un poeta vean el mismo partido.

Vuelvo al principio. En mi caso, entre las múltiples razones para decidir que Leo Messi es mi jugador favorito de todos los tiempos, está el hecho de que a veces sueño con él. Que yo recuerde, en el pasado solo había soñado con alguna jugada de Ronaldinho, o con algún partido de juego colectivo, sin distinguir a los jugadores en la bruma del sueño, generalmente la víspera de un Barça-Madrid (y ganábamos nosotros, claro). Con Messi, en cambio, he soñado varias veces. He soñado con él como si yo fuera su padre y le sirviera el desayuno en la barra de una cantina. He soñado con él a través de una conexión sanguínea, como un hermano mayor que le hacía compañía en un autobús vacío y aparcado en el exterior de un campo de fútbol desierto. He soñado con él haciendo goles extraordinarios, regates que desafiaban las leyes de la física y jugadas que se desplegaban ante mí con la maravilla de una aurora boreal. A menudo en estos sueños Messi estaba solo, y supongo que con este detalle un psiquiatra freudiano podría contarme más cosas de mí mismo que del propio jugador argentino, pero yo lo entiendo —me gusta entenderlo— como una conexión más allá del presente, una relación que tiene lugar en el mundo etéreo del inconsciente. Él no lo sabe, pero con su juego me ha hecho feliz muchas veces, en la realidad del presente y en la ficción de los sueños.

La idea de este libro nació hace tiempo como un intento privado de prolongar esa felicidad, más que tratar de descifrarla y comprenderla. Italo Calvino definió cuáles serían las características de la literatura del siglo XXI y resulta que a su manera Messi también es un artista y las cumple todas: levedad, rapidez, exactitud, visibilidad y multiplicidad (esto es algo que contaré más adelante). Este tipo de asociaciones resultan muy tentadoras.

Cuando yo coleccionaba cromos de fútbol, las estampas solían combinar dos imágenes: una del futbolista quieto, posando para la foto, y otra en plena jugada, disparando o controlando un balón (o parándolo si era un portero). Messi ejemplifica como nadie estos dos estados: la quietud en mitad del campo, los pasos lentos, y a la vez la velocidad controlada. Quizá se podrían definir estas páginas como un cromo en movimiento, uno de esos vídeos cortos que hay ahora por internet y que resumen en diez segundos toda una jugada. Solo que el movimiento se lo daré yo con mis palabras: inspirándome vagamente en el patrón del escritor Raymond Queneau y su célebre libro, intentaré trazar unos ejercicios de estilo a partir de la figura de Leo Messi. *Deconstructing Messi*. Reescribir a Messi. Él será el protagonista de cada texto, las mil caras del estilo, y mi ejercicio consistirá en capturar en estas páginas la belleza, la voracidad, el genio, la modernidad, la obsesión y el instinto, entre muchas otras cosas, del mejor futbolista de la historia.

Es probable, pues, que *Messi, gol* y *Barça* sean las palabras que aparezcan más a menudo –bueno, y *Argentina*–, pero ya se trata de eso, ¿no?

Una de las preguntas que los aficionados del Barça y del fútbol nos hacemos a menudo es qué hará Messi cuando se retire, y más después de ver cómo fichaba por el Paris Saint-Germain y corrían rumores de un futuro en la liga estadounidense. Como este deporte vive en un presente que se renueva con cada partido, ahora mismo la fecha parece lejana e inimaginable, pero al mismo tiempo sabemos que es ley de vida, y que un día u otro llegará ese vacío. A sus treinta y cinco años, lleva más de diecisiete jugando al máximo nivel. A veces repaso vídeos de otras épocas y de repente me sorprendo: le veo celebrando goles junto a Ronaldinho, Villa, Xavi, Iniesta o Suárez, antiguos compañeros que hace tiempo que ya no juegan a su lado, y pienso que esas imágenes tienen un punto irreal. Messi cambia, claro, evoluciona físicamente y se adapta a las nuevas circunstancias, pero su gesto y estilo lo convierten en una especie de Dorian Grey. Como si marcar goles y batir récords lo mantuviera joven. Por todo ello, cuando hago una proyección de futuro e intento imaginarme la etapa final de Messi, sea en el equipo que sea, no puedo suponer una decadencia de su fútbol. A lo largo de los años nos ha dado muestras de su capacidad de adaptarse y dosificarse, así como del instinto para sacar el máximo rendimiento de sus virtudes en ese preciso momento, ya sean la rapidez, la clarividencia en el pase o el análisis de las debilidades del rival. Observar esta reinvención constante, partido a partido, será también uno de los grandes alicientes de verle jugar hasta el final, hasta el último partido, esté donde esté. Y luego siempre nos quedarán el recuerdo y el placer de volver a contarlo.

Barcelona, enero de 2023

DEBUT

No perdamos más tiempo. Leo Messi debutó en el primer equipo del Barça con una derrota intrascendente: 2-0 en un partido amistoso contra el Oporto, para celebrar la inauguración de su nueva cancha, *o Estádio do Dragão*. Era el 16 de noviembre de 2003, un domingo, y hoy en día a muchos portugueses les gustaría que Messi hubiera marcado el primer gol de la historia en ese campo, pero no fue así. Su debut transcurrió con la misma normalidad que rige la vida de todos los futbolistas jóvenes. Un día te convocan para un amistoso con el primer equipo, viajas con los mayores, los miras con timidez y admiración, y entonces el entrenador te hace salir veinte minutos al final del partido. Antes de jugar, esta oportunidad te parece un regalo de los dioses; después te mortificas recordando todo lo que podrías haber hecho y no te salió. En el caso de Messi fue exactamente así: la noche anterior no durmió por los nervios y al día siguiente se lamentaba de

una buena ocasión perdida para marcar. Reciente-
mente, sin embargo, volví a ver el partido y, con la
perspectiva y la información de los años, es fácil darse cuenta de que aquel chico bajito y con la camiseta
holgada animó ligeramente, sin estridencias, una noche de noviembre más bien aburrida en Portugal,
que ya de por sí no es un país muy animado. Hasta
el punto de que uno se pregunta qué habría pasado
si hubiera jugado más tiempo, o incluso desde el primer minuto.

Como la mayoría de los jugadores del primer
equipo estaban con sus selecciones, esa tarde Frank
Rijkaard había montado una alineación circunstan-
cial: Jorquera, Oleguer, Rafa Márquez, Navarro, Ga-
bri, Xavi y Luis Enrique eran los nombres conocidos, el resto de los jugadores venían de las categorías
inferiores. En la segunda parte se dio el típico baile
de cambios de los amistosos, porque tiene que jugar todo el mundo, y finalmente, en el minuto 74,
se produjo el momento fundacional, el alfa, el bau-
tizo de oro, el Origen: Messi dio sus primeros pasos
tras saltar al campo en sustitución de Fernando Navarro. Llevaba el número 14 en la espalda, toda una
premonición cruyffista. Mientras se encaminaba hacia la zona del campo que el entrenador le había
asignado, el comentarista de la televisión portuguesa dijo: «En Cataluña dicen que les recuerda a Maradona».

Ahora esta afirmación nos parece lógica e incluso tiene un punto previsible, pero entonces debió de sonar muy arriesgada. Messi tenía 16 años, 4 meses y 23 días. Era el tercer jugador más joven que debutaba en el primer equipo, después de Haruna Babangida –a quien Van Gaal hizo debutar con 15 años, 9 meses y 11 días– y tras la leyenda Paulino Alcántara, ese gran delantero que marcó tres goles en su debut, en febrero de 1912, cuando contaba 15 años, 4 meses y 18 días.

Estas cifras de récord, una constante en la carrera de Messi, quizá enturbian otros aspectos más reveladores de su debut. Como si el pasado se empeñara en jugar con el presente, el entrenador del Oporto en esos tiempos era José Mourinho. Luis Enrique, futuro entrenador, ese día jugaba de delantero centro y era el capitán del Barça. Messi se situó de media punta –o «de enganche», como le gustaba decir a él–, y en el minuto 80 recibió un pase en profundidad de Luis Enrique que estuvo a punto de convertirse en gol. Unos minutos después, robó un balón al portero, y aunque lo tenía todo franco para marcar, prefirió pasarlo a un compañero y la jugada no prosperó. Se puede decir que Messi aprovechó al máximo aquellos veinte minutos y estuvo muy participativo, inquieto y peligroso. Al día siguiente, la sección «Uno × uno», en la crónica de *Mundo Deportivo,* le daba tres estrellas, lo calificaba de «técnico» y afirmaba: «Jugó de Ronaldinho. Tuvo dos goles en sus botas».

Ese día junto a Messi debutaron varios jóvenes, promesas del Miniestadi que reclamaban un poco de protagonismo. Estaba Oriol Riera, que terminó marcando goles con los Wanderers de Sidney, en Australia, y hoy ya está retirado y es entrenador. O Tiago Calvano, un brasileño que jugaba con el Barça B y luego ha pasado por Alemania, Suiza, Australia y Estados Unidos. O Manel Expósito, otro trotamundos que también se fue a Australia y luego jugó en la segunda división belga. O Jordi Gómez, juvenil como Messi, que enseguida se fue al fútbol inglés y luego al búlgaro y se retiró en el Omonia Nicosia, de Chipre. Todos ellos pasan ya de los treinta y cinco años, han hecho carreras bastante más discretas que la de Messi, pero a buen seguro que recuerdan la tarde que debutaron en el primer equipo. «¿Te he hablado del día en que Messi y yo jugamos por primera vez con el Barça?», dicen, y saben que ya se han ganado la atención de quien los escucha durante los siguientes diez minutos.

UN NIÑO

Todos los futbolistas profesionales han sido, antes que nada, un niño con una pelota. Un niño que quiere patear algo. A veces no necesitan ni un contrincante, les basta con una pared, una especie de portería o las ganas de tocar balón. La suerte de Leo Messi es que tenía dos hermanos mayores –Rodrigo y Matías– y tres primos con quien jugaba partidillos, lo que en Argentina llaman «un picadito». Coincidían muchos domingos en casa de su abuela materna, Celia, y jugaban mañana y tarde. Todos vivían en el mismo barrio de Rosario y todos hicieron el mismo recorrido: primero, de muy chicos, jugaban en el Club de Fútbol Grandoli, junto a su casa, y luego pasaron al Newell's Old Boys.

A veces, cuando critican el rol de Messi en la selección argentina, los aficionados más fundamentalistas le reprochan que su fútbol no tenga un origen de calle, de descampado donde se juega o, como lo llaman ellos, «de potrero», sino que sea «de villa», es decir, de asfalto y ciudad. Es una apreciación equivocada. Es cierto que Messi encontró enseguida, a los cinco años, un club que le daba un ritmo de juego más pautado, en partidos de siete contra siete, pero como todos los niños aprovechaba cualquier momento para jugar al fútbol. Una de sus profesoras lo recuerda yendo por la calle, en dirección a la escuela, siempre con el balón en los pies. Contra el prejuicio hacia el fútbol de ciudad, están los recuerdos de Jorge Valdano. Nacido en Las Parejas, una barriada del extrarradio de Rosario, Valdano también dio sus primeros pasos como jugador del Newell's, y en una entrevista definía así su infancia futbolera: «Yo salía de mi casa y me encontraba con un campo de fútbol de mil kilómetros cuadrados: una llanura solo interrumpida por alguna vaca y algún árbol, todo lo demás era campo de fútbol».

El mundo visto como terreno de juego infinito. Es una imagen de libertad que nos estimula la imaginación. Cuántas veces no habremos oído historias de jugadores brasileños, colombianos o argentinos de origen humilde que se forjaron en la calle, en las playas, jugando descalzos en la *favela,* con una pelota deshinchada o hecha de trapos. Es una imagen legendaria que nos gusta porque apela a nuestra niñez, a una nostalgia del fútbol sin la parafernalia profesional de hoy en día. Partidillos de dos contra dos. Tres contra tres. Una portería delimitada por dos jerséis. Puede que, por contraste, lo que sorprende más de

Messi sean los vídeos de cuando empezaba. Como si todo ya estuviera escrito antes. Pertenece a una generación que fue filmada en vídeo, y no nos hace falta imaginar cómo jugaba aquel niño, sino que lo vemos a los cinco años, a punto de cumplir seis, en un campo de tierra de su barrio, en Grandoli, y lo que vemos ya es espectacular. Lo que ahora contaré les dará ganas de meterse en Youtube: Messi es el más enclenque del equipo, pero ya lleva el 10 en la espalda. Igual es cosa de su padre o igual es que tiene un entrenador que entiende. Cuando el balón se pone en movimiento, todos los niños lo buscan, van detrás de él, no hay mucha organización ni defensa, todos quieren patearlo como sea. Corren sin ritmo y se paran cuando se cansan. Tienen cinco o seis años, qué quieren. En medio de ellos, sin embargo, está ese otro niño que hace lo que ellos y al mismo tiempo es diferente, sabe lo que quiere hacer, le sale bien. Busca el balón, y cuando lo agarra, ya no lo deja. Solo lo paran si le hacen falta. Si no, corre, gambetea, hace un caño y chuta a gol. El equipo contrario saca del centro del campo: él les quita el balón y vuelve a hacer una jugada de gol. Lo celebra un poquito y va hacia su campo con una actitud concentrada, corre con los brazos pegados al cuerpo. Y vuelta a empezar.

Es la prehistoria del Messi que conocemos. Algunos padres filman las fiestas de cumpleaños de sus hijos o las vacaciones en la playa, y otros filman a los niños cuando juegan al fútbol. A medida que Messi se ha ido convirtiendo en la estrella que es ahora, han salido más y más recuerdos de la gente que lo conoció por aquel entonces. Como por ejemplo la familia Méndez, de Lima, que conserva la primera camiseta que Messi regaló como futbolista. Era del Newell's, rojinegra. La primera vez que salía de su país, Messi fue a Perú para jugar el torneo internacional La Amistad y se alojó en casa de los Méndez. La primera noche le dieron para cenar pollo a la brasa, demasiado especiado, y le sentó mal. Al día siguiente parecía que no podría jugar, pero en el último momento bebió una gaseosa y se recuperó. Son esa clase de detalles que uno recuerda. Ganaron el primer partido 10-0, y él marcó ocho goles. En Youtube también hay imágenes de aquel campeonato que al final el Newell's dominó. Han pasado cuatro años desde el principio y ahora Messi ya tiene nueve. Sigue siendo el más bajito del equipo, pero el juego ya se ordena mejor a su alrededor, y siempre es él quien crea el desequilibrio. Un defensa despeja un balón bombeado. El niño Messi lo baja con un control preciso, regatea a un defensa que le dobla en altura y chuta a gol. La celebración ya es de jugador mayor, sus compañeros se lanzan encima de él y gritan de alegría, mezclan «¡Olé, olé, olé!» con «¡Leo, Leo, Leo!».

La llegada a Barcelona, a los trece años, catapultará todas estas sensaciones. Una de las cosas más fascinantes de ver vídeos de cuando juega con los cadetes del Barça, o con los juveniles, es que en muchos aspectos ya era igual que ahora. Como si hubiera recibido todo el talento al nacer, como si traspasara el tiempo con todas las cualidades intactas. Realizaba jugadas, regates, disparos, ponía el cuerpo y remataba como si fuera el mismo de hoy, y el verdadero misterio es lo que no pueden recoger los vídeos: ese día en Rosario en el que hizo la primera gambeta, el primer disparo, la primera celebración de un gol.

En el vídeo del potrero de Grandoli, cada vez que el Messi de cinco años marca un gol se oyen unas voces que lo celebran a gritos. Hay un momento en que avanza por el campo, en una jugada muy vertical, y alguien grita: «Demuestra, Leo, demuestra, demuestra...» mientras va esquivando contrarios. Podría ser la voz de su abuela Celia. Ella era la que llevaba a sus nietos a entrenar, y también la que convenció al entrenador para que le dejara jugar desde tan pequeño. Celia fue su primera influencia, y eso que murió cuando Messi tenía solo once años. Aún hoy, cada vez que celebra un gol, alza la mirada y señala hacia el cielo en recuerdo de su abuela, y es como si ese gesto traspasara los años, fuese atrás en el tiempo, y nosotros vemos al mismo niño de entonces.

LA SERVILLETA DE PAPEL

Quizá no seamos conscientes de ello, pero es una suerte que haya muchos tipos de servilletas de papel. Una visita al Servicio Estación o a cualquier otra tienda especializada nos dará a entender que el uso de la celulosa en materia alimentaria ofrece variantes desconocidas, de todos los tamaños y colores, pero siguiendo una distribución clasista. En un extremo están las servilletas de una capa de papel, sencillas, enceradas, que se pliegan en zigzag y nos sirven el domingo cuando tomamos el vermú (manos pringosas), y al otro están las de tres capas o más, un lujo que absorbe humedades de zumos y salsas, y nace con la vanidad de sustituir a la tradicional servilleta blanca de algodón. Entre una y otra, como suele ocurrir, hay un espacio para la clase media: la servilleta convencional y ligera, de dos capas, que acompaña al bocadillo o el cruasán, y que sobre todo tiene una cualidad única: se puede escribir en ella con un bolígrafo.

En este tipo de servilletas, que no rechazan la tinta ni por exceso ni por defecto de papel, se han esbozado fórmulas matemáticas que han cambiado el curso de la ciencia, se han trazado croquis para diseñar la aerodinámica de un nuevo coche, se han garabateado versos que describían el amor más alocado y apuntado tácticas futbolísticas del 4-4-2. Salvador Dalí pagaba las cenas de los restaurantes estampando su firma sobre una servilleta de papel, y Xavier Cugat lo aprovechaba para hacer una caricatura con las mismas intenciones (aunque no siempre le salía bien).

Más allá de clases sociales, todas las servilletas comparten un destino: acabar en la basura. Nadie espera que una servilleta usada dure más de un día, ni que sirva más de una vez. Su vida no es perdurable. Por eso, cuando una pieza supera la caducidad y pasa a la historia, a menudo se la enmarca como un trofeo. A estas alturas es muy probable que la servilleta más famosa del mundo sea la que facilitó el primer contrato de Leo Messi y lo unió a la historia del FC Barcelona.

Demos primero las coordenadas. La servilleta-contrato se firmó hacia el mediodía del 14 de diciembre del año 2000, cuando Messi tenía trece años, y su firma no sale porque entonces aún delegaba todos sus asuntos en un representante argentino que se llamaba Horacio Gaggioli. La firma tuvo lugar en el bar del Club de Tennis Pompeia, al pie de Montjuïc, y es una suerte que alguien, en algún momento, hubiera decidido que las servilletas del bar debían ser de clase media. Junto a Gaggioli estaban Josep M. Minguella, también representante de jugadores, y Carles Rexach, entonces secretario técnico del Barça.

La cosa fue más o menos así. Unas semanas antes, Messi había pasado una prueba en un entrenamiento del Barça. En los vídeos de la época, como decía, se ve que aquel niño de trece años no levantaba un palmo del suelo, pero corría, regateaba y chutaba con una alegría que hacía que uno se frotara los ojos de incredulidad. Aunque los informes llegados de Rosario decían que Messi era un fenómeno en potencia, Rexach, con su proverbial pachorra, tardó varias semanas en ir a verlo. Él solo se ocupaba de chicos mayores. Un día, cuando los Messi padre e hijo ya estaban a punto de perder la paciencia y hacer las maletas para volver a Argentina, Rexach mandó a ese niño al entrenamiento, lo puso en un equipo de jóvenes que eran dos años mayores que él, adolescentes, y le bastaron cinco minutos para comprender que Lionel era un diamante en bruto. Aconsejó fervientemente el fichaje, pero los directivos de entonces –Joan Gaspart, Anton Parera y compañía– eran reacios a contratar a un niño que venía de Argentina, porque eso significaba pagarle la estancia, buscarle un trabajo a su padre e incluso costear un tratamiento hormonal para el crecimiento (precisamente lo que los clubes argentinos no querían pagarle).

Pasaban los días y la familia Messi, desde Argentina, se impacientaba. Entonces, una mañana, Gaggioli se reunió con Minguella y Rexach en el club de tenis y les dio un ultimátum: o ahora o nunca. ¿Ahora, aquí?, dijo Rexach, y los vio tan desesperados que optaron por la servilleta de papel. Sin saberlo, estaba poniendo en marcha una carrera extraordinaria, y de alguna forma esa transacción de pacotilla se correspondía con el carácter único e inimitable del juego de Messi.

Sin notarios delante, sin la redacción aburrida y formularia de los contratos, el documento dice así:

> En Barcelona, a 14 de Diciembre del 2000 y en presencia de los Sres. Minguella y Horacio Carles Rexach Secretario Técnico del FCB se compromete bajo su responsabilidad y a pesar de algunas opiniones en contra a fichar al jugador Lionel Messi siempre y cuando nos mantengamos en las cantidades acordadas.

Y, abajo, las firmas de los tres. La ausencia de puntos y comas en el texto, así como la omisión del apellido del señor Gaggioli, nos pueden dar a entender que realmente era un acuerdo in extremis, no había tiempo que perder. Sin embargo, Rexach, que es zorro viejo, hizo constar que el acuerdo se hacía «a pesar

38

de algunas opiniones en contra» y «siempre y cuando nos mantengamos en las cantidades acordadas».

El resto ya es conocido: ese papel fue el salvoconducto para que Messi volviera a Barcelona en febrero de 2001 y poco a poco, no sin penas ni trabajos, se adaptara y comenzara a deslumbrar a todos y cada uno de los jugadores y entrenadores con quienes compartió su paso por las categorías inferiores del club.

En algún momento, cuando ya estaba claro que Messi sería el mejor jugador de fútbol de su época, Horacio Gaggioli hizo enmarcar la servilleta de papel. Después la guardó en una caja fuerte de un banco de Barcelona. De vez en cuando sale la noticia de que el Museu del Barça expondrá la famosa servilleta, pero Horacio Gaggioli, que también es gato viejo, dice que esto se debe negociar. Puede que también sea necesario hacer otro contrato que especifique los términos de la cesión de la servilleta de papel. Que alguien llame a Carles Rexach.

ADJETIVOS

Dos goles de vaselina: uno con la pierna izquierda, la mejor, y el otro con la derecha, también buena. Un gol de oportunista, otro después de hacer esa jugada que le hemos visto tantas veces, arrastrando a los contrarios desde la derecha hacia el centro, y aún otro gol colocando suave el balón desde el área grande. Maravilloso, extraordinario, imprevisible, genial, único. Era la noche en que Messi hizo cinco goles, en el Camp Nou, contra el Bayer Leverkusen (7 de marzo de 2012). El resultado final fue 7-1, con dos goles más del debutante Tello, pero lo que queda sobre todo es que la manija de Messi significó un nuevo récord en un partido de Champions, y que al día siguiente más de un periodista volvió a decir que el astro argentino agotaba los adjetivos.

No era la primera vez, ni sería la última. No recuerdo ningún otro jugador que haya provocado una reacción similar, nadie había dicho antes que Pelé o Maradona o Cruyff o Di Stefano apuraban el diccionario. Puede que sea una señal de nuestros tiempos –donde todo debe ser definido y categorizado hasta la extenuación–, pero también puede verse como un argumento más para considerarlo el mejor jugador de la historia. *El futbolista que agotó los adjetivos.*

La primera vez que se produjo este fenómeno, que yo recuerde, fue en marzo de 2010, tras una victoria en liga del Barça contra el Real Zaragoza, en la Romareda. El Barça ganó 2-4 y Messi, que entonces tenía veintitrés años, dejó un *hat-trick* y provocó un penalti en el último minuto. En lugar de cobrarlo él se lo dejó a Ibrahimovic, que había fallado tres ocasiones clarísimas y con el gol puso una cataplasma a un partido desastroso y una mala racha sin ver portería. Alguien, pues, habría podido añadir todavía otro calificativo para el argentino: generoso. O magnánimo. O dadivoso.

En la rueda de prensa tras el partido, Pep Guardiola ya dijo: «A Messi no se le pueden poner adjetivos. Yo no tengo más, se me han terminado». Con el tiempo, este recurso periodístico –decir que no hay palabras– se ha convertido en una forma más de elogiar las grandes actuaciones de Messi. Por supuesto que no faltan adjetivos en el diccionario, nunca faltarán, si acaso hay periodistas a quienes les falla el vocabulario. De hecho, lo que hace Messi es todo lo contrario: crea lenguaje, lo activa, nos despierta el sentido de la lengua, el ingenio, las asociaciones menos obvias, la poesía. Necesitamos describir con palabras lo que vemos, si queremos estar a la altura de sus actuaciones. No solo provoca que hurguemos en nuestra memoria –o en el diccionario de sinónimos– para encontrar elogios superlativos, sino que nos obliga a ser más inteligentes para no repetirnos. En esto, por ejemplo, los diarios argentinos tienen gran experiencia. Tras el 7-1 contra el Bayer Leverkusen, el diario deportivo *Olé* titulaba simplemente: «Picasso», y en el subtítulo lo remachaba: «Artista del fútbol». En Honduras, el diario *Diez* hacía alusión a los cinco goles: «La quinta sinfonía de Messi». En Cataluña, *El 9 Esportiu* también era conciso: «Alien».

El escritor Màrius Serra dedicó dos artículos en *La Vanguardia* a la cuestión y, por si alguien iba corto de ideas, hizo una lista alfabética de 584 adjetivos en castellano, de *abismal* a *zaragatero*. Otro escritor, Marc Pastor, propuso tiempo después, en un artículo en la web *Fot-li Pou*, un adjetivo nuevo para la posteridad: *Méssimo*. He aquí la definición:

> MÉSSIMO-A [s. XXI; del apellido Messi, relativo a Lionel Messi] 1 adj. Que sobresale en su fútbol, que exhibe en alto grado la técnica, persistencia, calidad, fuerza en un partido, jugada o gol. 2 p. ext. Dicho del enfrentamiento, eliminatoria o final en la que se ha visto una actuación estelar de Leo Messi. Ejemplos: «El Santos perdió la final del Mundial de Clubes ante un Barça

méssimo». «La racha de imbatibilidad del Barça es méssima.» «¿Quién es el pichichi en la liga? Un méssimo Luis Suárez.»

En abril de 2010, un mes después de la Romareda, cuando su actuación todavía nos hacía cosquillas en las pupilas, Messi consiguió cuatro goles ante el Arsenal FC en el Camp Nou (4-1), un resultado que clasificaba al Barça para las semifinales de la Champions. Al terminar el partido, Arsène Wenger dijo que Messi era «un jugador de PlayStation», una especie de actualización de los elogios que años atrás Jorge Valdano había dedicado a Romario, definiéndolo como un jugador «de dibujos animados». En ambos casos, trataban de explicar que sus actuaciones desafiaban la lógica y eran más propias de la ficción que de la realidad.

No hace mucho visioné de nuevo —como si fuese un crítico de cine, ya ven— un resumen largo de la eliminatoria contra el Arsenal en el Camp Nou. La locución era en inglés, y cuando Messi consigue el tercer gol, los comentaristas no escatimaban los adjetivos: brillante, audaz, mágico. De hecho, a menudo me gusta ver partidos retransmitidos en inglés porque tengo la impresión de que los periodistas saben narrar mejor las grandes gestas. Tienen la tradición de su parte, claro, pero también un instinto descriptivo fuera de lo común. El último partido de liga del año 2016, contra el Espanyol, lo estuve siguiendo a través de una cadena norteamericana, beIN SPORTS. Hay allí un comentarista que es un prodigio de locuacidad, Ray Hudson, antiguo jugador del Newcastle United, para más señas. Ante la exhibición de Messi, coronada por un gol delicado, casi frágil, soltó un grito extático y dijo: «¡Es imparable! ¡Es Harry Houdini y David Blaine! ¡Próxima parada, Las Vegas! El mejor del planeta Tierra. Un genio».

CRISTIANO RONALDO

Messi y Cristiano. El 10 y el 7. Pronuncias los dos nombres juntos y automáticamente sale alguien que recuerda a Mozart y Salieri. El agente 007 contra el Doctor No. La Coca-Cola y la Pepsi. Los Beatles y los Rolling Stones. Hay muchas maneras de definir la rivalidad de estos dos jugadores excepcionales, pero empecemos tal vez por la parte de los números...

La temporada 2014-15, la primera de Luis Enrique como entrenador, el Barça ganó la liga con 94 puntos y 110 goles a favor. El Real Madrid quedó segundo con 92 puntos y 118 goles a favor. Son unas cifras estratosféricas, y cuando las comparas con las otras ligas importantes de Europa, las diferencias son abismales. Veamos. En Alemania, el Bayern de Múnich ganó la Bundesliga con 79 puntos y 80 goles. En Inglaterra, el Chelsea se llevó la Premier con 87 puntos y 73 goles. En Italia, la Juventus ganó el *scudetto* con 87 puntos y 72 goles. Ya sé que son solo datos, y que el juego es otra cosa, pero no es difícil darse cuenta de que esta distancia la marcaron Leo Messi y Cristiano Ronaldo. E incluso, más concretamente, la competición personal entre ambos. Aquella temporada, Cristiano fue el máximo anotador con 48 goles (10 de penalti) y Messi hizo 43 (5 de penalti). Sin los goles de uno y otro, Barça y Madrid todavía habrían ofrecido unos números de campeón en cualquier otra liga, tal vez incluso en la española.

Las estadísticas son la prosa funcionarial del fútbol, aburridas y desapasionadas, pero a menudo resultan reveladoras. Ya me perdonarán si les ofrezco todavía algunas más de la temporada 2014-15. El Barça fue el equipo que más pases hizo durante el campeonato (con 22.114) y el segundo, el Real Madrid (17.684). Messi fue el tercer máximo pasador de la temporada, por detrás solo de Roberto Trashorras y Toni Kroos, al tiempo que dominó las asistencias de gol: dio 18 (Cristiano, 16).

No hay duda, pues, de que la lucha entre Messi y Cristiano definió durante varios años el ritmo de la liga española y, en especial, la rivalidad entre el FC Barcelona y el Real Madrid. Entre 2010 y 2013, mientras José Mourinho señoreaba como entrenador de los blancos con su estilo impertinente y desafiante, el duelo se hizo extensivo a los banquillos, a lo largo de esas dos temporadas con Pep Guardiola y Tito Vilanova, y luego con Vilanova solo. El recuerdo de aquellos años lleva implícita una acritud, una tensión ambiental que era desagradable, hecha de acusaciones y gestos antideportivos —el dedo de Mourinho en el ojo de Tito; el instinto sanguinario con que Pepe y Sergio Ramos entraban siempre a jugar contra el Barça y en especial contra Messi–, pero también una excelencia del juego llevada al límite, donde los errores futbolísticos se pagaban carísimos. Solo así se explican las ligas de los 100 puntos, o el hecho de que un año Messi lograra el Pichichi con 50 goles. Lo repito porque es una bestialidad: 50 goles.

Desde la perspectiva de un barcelonista, nosotros éramos los buenos y ellos los malos. Es más, Guardiola y Tito Vilanova representaban unos modelos de bondad y buen gusto, de defensa de unos ideales futbolísticos, que, semana tras semana, parecían irritar más a Mourinho. Mientras que Guardiola no discutía nunca las decisiones arbitrales, Mourinho a menudo las manipulaba y criticaba para justificar derrotas, especialmente si eran contra el Barça. En las derrotas, la culpa siempre era de los otros; en las victorias, el éxito siempre era suyo. Un guionista de Hollywood no habría esbozado mejor el perfil de un tirano seductor. El argumento de los aficionados madridistas para defender este talante era que la vida es sal y pimienta, que los malvados siempre son más interesantes que los héroes, que —como decía Mae West– las buenas chicas van al cielo, y las malas, a todas partes. El papel de antihéroes les gustaba, les daba un orgullo ganador y al mismo tiempo furioso, a contrapelo del mundo injusto, una prueba de esa raza visceral que tanto se valora en Madrid. No se daban cuenta de que de repente, de un día para otro, se habían convertido al victimismo y su personalidad se definía por comparación con el rival. Los diarios deportivos, con su facilidad para resumir un estado de ánimo, lo llamaban *barcelonitis*.

Cuando revivo aquella época con la perspectiva del tiempo, me doy cuenta de dos detalles importantes. El primero es que indudablemente Cristiano Ronaldo mejoró con Mourinho, quien lo modeló como triunfador, pero con él también creció su petulancia, su vanidad personal y su falta de sentido del ridículo. El segundo detalle es que Cristiano llegó al Real Madrid como antídoto de Messi.

A menudo la tendencia a compararlos, la necesidad de alentar el duelo, los pone en un mismo plano, pero lo cierto es que Leo Messi –que es dos años y medio más joven que el portugués– ya destacaba antes. Para entendernos: Messi habría seguido siendo Messi. Habría hecho goles y batido récords y ganado balones de oro. Cristiano, en cambio, ha acabado siendo más Cristiano gracias a Messi. He aquí la gran diferencia.

Una parte importante de esta rivalidad personal tiene que ver con los récords y los premios individuales como el Balón de Oro. En diciembre de 2019, los periodistas de medio mundo, a través de *France*

Football, concedieron a Messi su sexto galardón, un récord que parecía imposible superar, rompiendo así el empate histórico con Cristiano Ronaldo. Dos años después, en 2021, ganaría el séptimo para sorpresa de todos, incluido Messi, que afirmó que ese balón era tanto de él como de Lewandowski. Ahora mismo, con treinta y siete años y un juego cada vez más impreciso y menos explosivo, parece difícil que Cristiano Ronaldo pueda ganar alguno más. Tras su salida del Real Madrid, en el 2018, se fue al Juventus de Turín, y jugar en un campeonato liguero de primer nivel como es el italiano, con un juego menos físico y más lento, le permitió reforzar su transformación como goleador de área, más estático y al mismo tiempo más egocéntrico. Se beneficiaba, además, del glamur que rodea a un club como la Vecchia Signora, de las tradiciones de la alta sociedad italiana: perfumes, moda, belleza... Al cabo de tres temporadas, sin embargo, decidió abandonar ese proyecto: si bien en los registros individuales habría rendido a un nivel notable, creía que el equipo no estaba a su altura y acabó volviendo al Manchester United, el club que años atrás le situó en primera línea internacional. Era un cambio inteligente, con ese punto de nostalgia que suelen buscar los jugadores veteranos, pero al mismo tiempo se intuía que a Cristiano le interesaba más su trayectoria individual que la colectiva, y ese regreso también podía entenderse como un intento

51

desesperado por rejuvenecer y recuperar el calor de los primeros logros. Pero el tiempo no pasa en vano para nadie. Muchos nos preguntamos entonces si Cristiano sería capaz de aceptar la suplencia en un equipo lleno de jóvenes estrellas, y la respuesta no tardó en llegar: no, no era capaz. Ni en el United ni en la selección portuguesa.

También nos hacíamos otras preguntas. ¿Sería Cristiano una Gloria Swanson de los campos de fútbol, siempre a la espera del primer plano, incapaz de valorar sus arrugas, celoso de los éxitos ajenos? ¿O quizá se reflejaría en la carrera de David Beckham y vería los flases de la prensa del corazón y la pasarela de moda como una prolongación del túnel de vestuarios? La respuesta llegó tras el Mundial de Qatar, cuando sondeó el mercado de invierno para cambiar de aires, desterrado incluso por sus compañeros del Manchester y su entrenador. Convencido siempre de que él tenía la verdad, dio un par de entrevistas-masaje para subirse la autoestima, pero después de tantear y ofrecerse a varios clubes de primer nivel europeo acabó fichando por el Al-Nassr FC, de la liga de Arabia Saudí. El cambio de la lluvia de Manchester por el calor de Riad parece un movimiento desesperado, pero con un contrato de unos 200 millones de euros al año es el futbolista mejor pagado del mundo. Aparte de quedarse con el riñón cubierto, podemos suponer que tras ese traslado a una liga menor existe sobre todo un deseo individual: seguir marcando goles, muchos goles, y asegurarse así uno de los pocos récords, nada despreciable, en los que sobrepasa a Messi: el de máximo goleador de la historia del fútbol.

Viéndolo con perspectiva, no se pueden discutir las cualidades extraordinarias de Cristiano Ronaldo –la potencia, el oportunismo, la dedicación, la tenacidad, el ímpetu–, que en otros tiempos lo habrían situado en lo más alto durante años, décadas incluso. Tras el Mundial de Qatar, quizá ya no podemos decir que siga en la cima, cerca de Messi e inevitablemente dos o tres escalones más abajo. Desde la distancia, en Riad, su peaje será contemplar cómo los nuevos jugadores –los Haaland, Mbappé, Pedri, Bellingham, Musiala– lo van sustituyendo en la lucha por el Balón de Oro.

Otra cosa es la imagen que dejará en la memoria del fútbol. Los goles de Cristiano han sido en la mayoría de los casos exhibiciones solitarias, *selfies* para el recuerdo personal. Todos lo hemos visto enfadarse porque no le pasaban el balón, quejarse del poco compromiso de sus compañeros después de una derrota, celebrar los goles propios como si el fútbol fuera un deporte individual o, peor, un combate de supervivencia de *Los juegos del hambre*. Su personalidad se afirmaba en este tipo de retos individuales: los músculos, los gritos histéricos, los llantos nerviosos. En el Barça, en cambio, Messi siempre ha sido el estilete del juego de equipo, y en la foto

siempre ha tratado de salir junto a los demás delanteros, ya fueran Ronaldinho, Henry, Suárez, Neymar
o Mbappé.

Por todo ello, aunque no me gustan mucho las
profecías, y menos en el fútbol, aquí dejo una fácil:
cuando Cristiano Ronaldo se retire, en un día no tan
lejano, a Messi todavía le quedará fuelle para seguir
reinventándose y honrar al fútbol durante un par de
años.

SACRIFICIO

El paso del tiempo agranda las leyendas y les da un aura de misterio. Poco a poco los hechos se confunden con las invenciones y al final resulta que media Barcelona fue al concierto de los Beatles en la Monumental en 1965, o que se conservan como reliquias dieciocho dedos de las manos de san Lorenzo. Si hoy la leyenda de Messi ya es planetaria, y sus cifras nos parecen sobrehumanas, no nos podemos ni imaginar lo que ocurrirá dentro de cincuenta años, cuando se recuerden las hazañas del mejor jugador de la historia –porque hasta entonces es muy poco probable que salga otro como él–. No me sorprendería que alguien acabara asegurando que Messi era en el fondo un dios azteca, o maya, o en todo caso precolombino, y que cada año exigía un sacrificio para seguir jugando en el Barça: el traspaso de un delantero al final de temporada.

No sé si la imagen que me ronda por la cabeza proviene de aquella aventura de Tintín que se titula *El Templo del Sol* o de la lectura de las cartas de Hernán Cortés, o incluso de la película de Mel Gibson *Apocalypto*. Tal como yo lo veo es una muerte metafórica, claro, como una ofrenda al dios redondo del fútbol, que diría Juan Villoro, pero a medida que pasan los años la lista de víctimas se va ampliando sospechosamente...

En el verano de 2008, cuando Pep Guardiola ascendió a primer entrenador del Barça en sustitución de Frank Rijkaard, decidió que dos de las estrellas (en horas bajas) del equipo, Ronaldinho y Deco, tenían que cambiar de aires. Eto'o tenía todos los números para seguir el mismo destino, pero aún aguantó una temporada. Aquel curso el Barça consiguió el triplete y Eto'o metió 36 goles, una cifra importante, marcando incluso en la final de la Champions de Roma, ganada contra el Manchester United (2-0). Sin embargo, el verano siguiente el club forzó su traspaso al Inter de Milán. Su lugar en la delantera lo ocupó Ibrahimovic.

Eto'o, pues, fue el primer delantero que perdió el privilegio de jugar al lado de Messi. Durante los siguientes meses quedó claro que la opción de poner una torre como Ibra —y sobre todo con un carácter tan fuerte— junto a la Pulga no terminaba de funcionar, y en verano le invitaron a irse cedido al AC Milan. Ya no volvió. Ese fracaso, sin embargo, solo pasó factura a Guardiola, que en el particular mundo de Ibra pasó a ser «el filósofo» (dicho con cierto resentimiento). Años después, en una entrevista en la que le pedían que eligiera al mejor once de todos los tiempos, él mismo se puso al lado de Messi y, entre risas, afirmó: «Messi es un genio, y yo soy Dios».

Acompañando a Ibrahimovic, en 2010 también se fue otro delantero: Thierry Henry. Con su estilo áureo, rápido y ligero, como de Nijinsky del área, él sí había congeniado con Messi, pero se había hecho mayor para aguantar el ritmo de competición europea y se fue a Estados Unidos. A partir de entonces, prácticamente cada pretemporada debe verse como una época de sacrificio para la deidad precolombina que lleva el número 10. Después vinieron Bojan Krkic (2011), David Villa (2013), Alexis Sánchez (2014), Pedro (2015), Munir (2016), Alcácer (2018) y Maicon (2919). En la lista podríamos añadir a algunos secundarios que iban y venían, nombres como Jeffrén, Afellay, Cuenca, Tello, Sandro y Deulofeu, jugadores jóvenes, a menudo de la cantera, que salían cedidos y al cabo de unos meses volvían para irse de nuevo, casi como si su misión fuera satisfacer las ansias rituales de Messi.

¿Por qué será, de todos modos, que cada año aumenta la lista de delanteros que se van? ¿Es muy difícil jugar al lado de Messi? ¿O es que es demasiado exigente? Yo diría que es todo lo contrario: Messi lo hace fácil, ofrece mucho, asiste, pero también exige un protagonismo que no todo el mundo comprende.

Habrá, ciertamente, un factor de entendimiento personal, pero sería un error pensar que Messi solo se entiende y juega bien con sus amigos. Más bien es al revés: la filiación en el campo, como fue el caso durante tantos años con Dani Alves, y después con Jordi Alba, nos puede hacer pensar que se ensancha en una amistad, casi como una forma de agradecimiento, pero lo cierto es que la vida privada de los jugadores es a menudo bastante más sencilla que los misterios que urde nuestra imaginación de admiradores.

En un artículo en *El Periódico,* Emilio Pérez de Rozas recordaba que cuando el chileno Alexis Sánchez llegó al Barcelona, en agosto de 2011, le agradeció a Andoni Zubizarreta, entonces director técnico del club, que lo hubiera llevado «al único equipo donde podré ser Balón y Bota de Oro». Alexis tenía veintidós años, uno menos que Messi, y había destacado en Italia y en el Mundial de Sudáfrica, pero aún no había ganado nada. Zubi le dijo, supongo que con su voz calmada y sabia que se lo hace perdonar todo: «Mire, Alexis, mientras el *pequeño* continúe aquí, usted lo tendrá muy difícil para ser Balón de Oro e incluso Bota de Oro». Alexis aguantó tres temporadas y se fue a Inglaterra, luego al Inter de Milán y después a Francia, buscando más goles, más presencia, pero aún no ha ganado el Balón de Oro. Ni lo ganará nunca.

Mención aparte merecen dos casos que alteraron la química de la delantera con Messi y puede que no cumplan las reglas de un sacrificio, al menos no voluntariamente, pero sí tuvieron un peso crucial en los cambios en la delantera que acompañaba a Messi en el Barça: Neymar, en la temporada 2017, y Luis Suárez en el verano de 2020.

En el caso de Neymar, más que un sacrificio fue una inmolación personal. Incluso en el cómic más desgarrador, o en una película de terror de Guillermo del Toro, sería difícil imaginar que la salida de Neymar estuviera destinada a complacer las ansias de Leo Messi. Al contrario: durante cuatro temporadas, el brasileño había consolidado junto al argentino y el uruguayo un tridente extraordinario, tanto por el juego vistoso como por la efectividad. Más bien da la sensación de que Neymar había aprendido la lección y quería convertirse en otro ídolo de los que reclaman sacrificios por cuenta propia, esta vez desde su trono del número 10 en el Paris Saint-Germain.

La despedida de Luis Suárez fue muy distinta y dolorosa, y puede verse como un error, un sacrificio no deseado. Durante seis temporadas se convirtió en el máximo aliado de Messi, casi una sociedad limitada que se tradujo en un sinfín de goles y asistencias entre ambos. Pero después de la derrota que estuvo a punto de cambiarlo todo, en la Champions ante el Bayern de Múnich —el lamentable 8-2 en plena pandemia, en un campo vacío que lo hacía todo aún más desolador—, Suárez fue uno de los señalados, al igual que el croata Rakitic, y el club decidió traspasarle. Unos días después pareció que las intenciones de Messi de abandonar al Barça eran una reacción a la salida de su amigo, pero ahora sabemos que al final no fue así. Suárez se habría quedado con mucho gusto, pero el club le echaba, mientras que con Messi ocurrió todo lo contrario: quería irse y un contrato le obligaba a quedarse si no quería acudir a los tribunales para resolver el contencioso. A la postre podría decirse, pues, que la víctima de esa temporada fue el propio Messi: quedándose a la fuerza era como si se convirtiera en una víctima de su propio sacrificio. Y por eso todavía puede parecernos más cruel la última jugada del destino: que fuera el club finalmente quien le sacrificase a él, en agosto de 2021, para poder sobrevivir a las penurias económicas (más adelante, en estas páginas, deberemos tratar ese drama wagneriano ampliamente, no podemos liquidarlo en cuatro tímidas frases).

Me pregunto si esta tendencia de Messi a sacrificar delanteros continuó más allá del Barça, una vez en el Paris Saint-Germain, pero me resisto a entrar en este juego perverso por dos razones. La primera es que la jerarquía del PSG hace pensar que si alguien pide sacrificios es Mbappé, y de hecho tras la llegada de Messi podemos contar entre las bajas a dos argentinos que tiempo después ganaron a su lado la Copa del Mundo: Di María y Paredes, ambos ahora en el Juventus. La segunda es que el club francés demuestra cada verano una gran volatilidad en el proyecto futbolístico, dejándose deslumbrar por los nuevos nombres jóvenes y menospreciando apuestas que aún no han tenido tiempo de demostrar nada. Un dato ilustrativo: en el inicio de la temporada 2022-23, el PSG abrió la puerta a 23 nuevos jugadores y despidió a 29, entre ellos nombres como Icardi, Draxler o el joven Xavi Simons. En realidad, en este baile de sacrificios sorprende que no aparezca Neymar, y no es ninguna tontería suponer que precisamente la complicidad con Messi ha evitado que algún día el brasileño fuera también uno de los que subieran temblorosos al altar del sacrificio final.

ANTES Y DESPUÉS

Diego Armando Maradona, que se movía como nadie en la frontera entre el deporte y el espectáculo, era capaz de hacer entretenido el calentamiento de antes de un partido. A veces sus exhibiciones, cuando calentaba con el Nápoles o con la selección argentina, eran coreografías a medio camino entre el circo y el aeróbic, tan de moda entonces. El Pelusa seguía el ritmo de una canción que se oía en la megafonía del estadio –busquen el vídeo en el que suena la pegajosa «Life is Life», de Opus– y bailaba con el balón en los pies, daba toques con ambas piernas, con la cabeza, con el cogote. Entretanto no dejaba de mirar hacia las gradas y en alguna ocasión incluso pedía al público que siguiera el compás dando palmadas. No sé si todo aquello era muy efectivo físicamente, pero sin duda hacía que la gente llegara antes al campo.

Salvando las distancias, siempre que iba al Camp Nou para ver al Barça de Messi intentaba llegar temprano para no perderme el calentamiento de los jugadores. He aquí otra de las virtudes de Messi y sus compañeros en esa edad de oro: además del partido, me interesaba todo lo que ocurría a su alrededor, antes y después. Cómo se seleccionaban los pases, cómo bromeaban en un rondo, cómo ponían a punto su cuerpo. En un calentamiento, al igual que en los entrenamientos, se ven goles fabulosos que si surgieran durante un partido serían de antología, y en cambio en aquellos minutos previos solo los celebran algunos aficionados atentos.

Messi, además, era y sigue siendo como un viajante que va mostrando el catálogo de productos que luego te venderá durante el partido, pero es que a veces también tiene momentos espectaculares. Una tarde en el Camp Nou, por ejemplo, vi cómo él y Alves se dedicaban a pasarse el balón a unos treinta o cuarenta metros de distancia. Uno estaba tocando al córner y el otro cerca de la línea del centro del campo. Uno chutaba el balón y el otro lo paraba con el pecho, lo controlaba, daba dos o tres toques y lo chutaba de nuevo, y entonces su compañero lo recibía intentando que no tocara el suelo, y vuelta a empezar. El intercambio duró un buen rato, diez o doce pases, y poco a poco los aficionados que ya estaban en el campo se daban cuenta y los miraban hipnotizados. Mi vecino de asiento debió de verme cara de novato y, con esa serenidad proverbial que dan los años de socio que ha visto de todo, me dijo: «¿Eso? Lo hacen cada semana».

De un partido se aprovecha todo, y yo creo que las retransmisiones por televisión deberían explotar más este filón. Enseñar el antes y el después, hasta donde los límites de la intimidad lo permitieran. Me refiero a que no es necesario que las cámaras entren en el vestuario, pero estaría bien que, en lugar de ir a publicidad tan rápido, se entretuvieran en esos minutos finales. Me gusta ver las reacciones de los jugadores, sudorosos, exhaustos, ensimismados, contentos o tristes, cuando se felicitan unos a otros y van hacia el vestuario. Me gusta ver, por ejemplo, con quién se intercambian la camiseta. La cara de admiración de los rivales que se acercan a Messi y le piden el favor (hay un privilegiado al final de la primera parte y otro al final del partido). ¿Verdad que nos gusta ver toda la ceremonia tras jugar una final, con ganadores y perdedores que esperan la entrega de la copa y la celebración y todo el asunto? Pues se podría hacer lo mismo después de cada partido, aunque solo fueran cinco minutos. Llámenme obseso, pero yo creo que este tipo de tiempos muertos –por no hablar de los quince minutos de descanso en el vestuario– contienen mucha información del propio partido, son las notas a pie de página, el colofón, los créditos. Es lo que los teóricos de la literatura llaman el paratexto: todo aquello que complementa el contenido principal de un partido, al igual que más tarde la rueda de prensa del entrenador y las declaraciones de los jugadores.

De alguna forma estoy reivindicando que todos los aficionados al fútbol somos también unos *voyeurs* y nos gustaría espiar un poco más en la vida de nuestros ídolos una vez terminado el partido. Diez minutos nada más, como una mosca en la pared. Ahora todo este mundo ha cambiado mucho y se ha profesionalizado, pero recuerdo que años atrás, cuando yo era pequeño, el periodismo deportivo nos acercaba más a los jugadores. Durante la pretemporada, por ejemplo, los periódicos deportivos publicaban cada día el plan de trabajo en la concentración –que siempre era en Holanda–. Nos contaban cómo se repartían las habitaciones por parejas, a qué jugaban en los ratos libres, qué comían para cenar (y yo le pedía a mi madre que me preparara lo mismo).

Es cierto que hoy en día las redes sociales, sobre todo Twitter e Instagram, ya cumplen en parte esta función de ventana abierta, y los jugadores nos dejan espiar un rato en sus vidas, pero todo parece más calculado y mediatizado...

Hablando de la vida privada. He empezado este ejercicio con Maradona y lo terminaré con él. Un día de 1982, durante su primera temporada en el Barça, el equipo empató en casa con el Sporting de Gijón (1-1). Yo escuché el partido por la radio, muy probablemente siguiendo a Joaquim Maria Puyal en Radio Barcelona, y quedaba claro que Maradona y todo el equipo habían hecho un partido discreto y gris. Sentí rabia por el punto que se nos había escapado (entonces la diferencia entre el empate y la victoria todavía era de un punto, y no de dos), pero además lo sentí mucho por el jugador, así que con toda la candidez de un niño de pueblo, me decidí a llamarle y darle ánimos. Llamé primero a información de Telefónica y pedí el número de Diego Armando Maradona. La operadora no mostró ninguna sorpresa y me pidió que esperara unos segundos, y entonces, increíblemente, me lo dio. Apunté los números en un papel y me quedé quieto, con el auricular en la mano, hasta que reuní suficiente coraje. Marqué los siete dígitos. Al otro lado alguien respondió a mi llamada. El diálogo fue más o menos así:

—¿Sí? —dijo una voz de chica con acento argentino. Era joven y pensé que debía de ser su novia Claudia.

—Hola, ¿está Diego? —Nótese el ataque de familiaridad.

—¿Quién le llama?

—No..., un amigo. Bueno, más que amigo soy un admirador, un aficionado del Barça.

—Ah, bueno. El Diego no está ahora. No ha llegado.

—Vale. Pues dígale que le animo mucho y que seguro que ganaremos la liga porque él es el mejor.

—¡Ah, gracias! —Y colgó.

Durante mucho tiempo pensé que su agradecimiento era sincero, y que debía ser verdad que «el

Diego» aún no había llegado, es de suponer que del Camp Nou. En todo caso, nunca he dudado de que aquella noche de domingo me metí en casa del clan Maradona a través del cable telefónico. A mis amigos del instituto, sin embargo, no se lo conté nunca porque no me habrían creído.

PENALTIS

Hay un club selecto –o tal vez es una sociedad secreta– que congrega a todos los porteros que alguna vez han parado un penalti a Messi. Los imagino reuniéndose una vez al año en un hotel discreto de Benidorm, por ejemplo. Dan la bienvenida a los nuevos miembros del club –cada temporada Messi falla algún penalti– y comparten información sobre las nuevas tendencias del argentino. Si ahora los lanza más hacia la izquierda, cómo aguantarle la *paradinha*, si hay unas palabras mágicas para desconcertarle justo antes de que lance. El presidente de este club minoritario debería ser, por méritos propios, el gallego Diego López, que es el único portero que le ha parado dos penaltis a Messi. Siempre en partidos de la Copa del Rey. Uno cuando era portero del Villarreal, en enero de 2008, y otro diez años más tarde, jugando con el Espanyol, en enero de 2018. La vicepresidencia debería ser para Rubén, otro gallego que juega en el Deportivo de La Coruña y que también ha visto cómo

Messi fallaba dos veces delante de él: en una ocasión porque él le paró el disparo y en otra porque su tiro se fue a las nubes, para decirlo con la metáfora habitual. Detrás, como vicepresidente segundo, habría que poner a Jordi Masip, que durante tres años fue compañero de Messi en el Barça y después, jugando en el Real Valladolid, consiguió una proeza curiosa, de esas que se recuerdan en las sobremesas de los buenos almuerzos: en 2019, paró un penalti a Messi, este remató el rechace de cabeza y Masip también se lo detuvo (aunque hay que decir que en ese partido Messi ya le había marcado antes un gol de penalti).

Es cierto que los penaltis son el talón de Aquiles de Messi, pero tampoco nos tenemos que preocupar porque dicha debilidad responde a cierta lógica. Sus cifras están ligeramente por debajo de las de otros goleadores, pero solo nos sorprenden porque estamos mal acostumbrados y ciertamente esperamos que los marque siempre. A día de hoy (enero de 2023), Messi ha lanzado 141 penaltis en todas las competiciones oficiales y ha fallado 31 —lo que significa uno de cada cinco, penalti arriba o abajo—. Podemos ensayar una explicación física y otra psicológica y más creativa.

La física es sencilla: según un estudio de *La Vanguardia*, la mitad de los porteros que le han parado un penalti miden 1,90 m o más. Observados desde su 1,70 m son gigantes que, cuando alargan los brazos, se estiran y vuelan, cubren fácilmente la portería de palo a palo. También es, sin embargo, una ilusión óptica, porque cada Goliat tiene su David, y al final Messi hace pasar a menudo el balón por los rincones más insospechados. Además, si repasamos los penaltis no marcados nos daremos cuenta de que incluso en el modo de fallarlos tiene recursos. Los ha fallado por la derecha y por la izquierda; chutó demasiado flojo o demasiado fuerte; le han adivinado la trayectoria, ha resbalado en el momento del disparo, ha enviado el balón al larguero, y en tres ocasiones él mismo recogió el rechace del portero y terminó marcando.

Hay otra explicación de tipo emocional que le da todo el sentido: Messi falla penaltis porque marcarlos es demasiado fácil. Ya está, ya lo he dicho. No es difícil intuir que la ausencia de un gran reto, la indefensión del portero allí enfrente e incluso la rutina que significa hacer un gol de penalti le van en contra. Cuando chuta una falta, al menos existe la barrera. Resulta, además, que un penalti es una oportunidad para pensar. Demasiadas opciones, demasiadas alternativas. Ese largo minuto que transcurre desde que el árbitro señala el punto fatídico hasta que Messi se coloca el balón, encara al portero y de dispone a patear –él, que está acostumbrado a decidir qué hará en décimas de segundo, casi al dictado exclusivo de la intuición– debe de ser un suplicio, pues le deben de pasar un montón de ideas por la cabeza: ¿arriba a la derecha, abajo a la izquierda, fuerte, floja, colocada, de puntera, a lo Panenka?

Hace años, cuando volvió a jugar en la liga argentina tras su aventura europea, Maradona falló cinco penaltis seguidos. Aquello sí debió de ser presión, domingo tras domingo. Aunque ser el lanzador de penaltis es también una manera de llevar los galones en un equipo (y de engrosar la cifra de goles), de vez en cuando Messi cede el honor a sus compañeros. Es una forma de altruismo que a la vez le libera del *embarras du choix*. Le hemos visto ceder penaltis a Luis Suárez, a Neymar y, en una ocasión sonada, a Ibrahimovic, en un partido contra el Zaragoza.

A día de hoy, el penalti más amargo que erró Messi —la pena máxima— debe de ser el que lanzó con Argentina en la final de la Copa América, en junio de 2016, contra Chile. El partido y la prórroga habían terminado sin goles y él fue el encargado de abrir la tanda de penaltis para su equipo. Unos segundos antes, Arturo Vidal había fallado el primero para Chile y ahora tenía la oportunidad de encarrilar la victoria, pero envió el balón a la tercera gradería, por decirlo con otra imagen habitual. Después Bravo detuvo otro, a Biglia, y Chile se llevó la Copa.

En el otro extremo, Messi es uno de los pocos jugadores que ha fallado un penalti voluntariamente, en lo que fue el error más dulce desde los once metros. El 14 de febrero de 2016, Día de los Enamorados, en un partido contra el Celta de Vigo, cuando el Barça ya ganaba 3-1, se produjo el célebre penalti que dio la vuelta al mundo. Lo vuelvo a ver

por Youtube. Justo antes de chutar, todo son mira-
ditas entre Messi y sus compañeros. Se acerca al balón y, en lugar de darle fuerte, lo toca a la derecha,
un pase tímido, inesperado, que debía recoger –según parece– Neymar, pero Suárez se anticipa y es él
quien marca el gol. Los locutores de medio mundo
se frotan los ojos, narran la jugada como si acabaran
de ver un extraterrestre. Es un penalti abstracto, un
metapenalti. Ray Hudson, nuestro querido comentarista británico, suelta uno de sus gritos extáticos y
dice: «¡Lo que acabamos de ver aquí es totalmente
shakespeariano! Pero ¡Shakespeare se equivocó: no
era *El rey Lear,* era *El rey Leo*!».

Messi es tan bueno que de vez en cuando tiene la
virtud de fijarse en la tradición y reproducir jugadas
míticas de la historia del fútbol. En este caso lo que
resonaba en nuestra memoria, claro, era el penalti
que se inventó Johan Cruyff en diciembre de 1982,
en un partido con el Ajax. En aquella variación origi-
nal Cruyff daba un pase a la izquierda, un compañero le devolvía el balón con una pared y él mismo terminaba marcando. La decisión de Messi tiene que ser
por fuerza un homenaje a Cruyff. El día antes, el holandés había confirmado en su página web que estaba
luchando contra el cáncer de pulmón, y que de momento ganaba el partido. Cruyff murió unas semanas
después, el 24 de marzo, pero seguro que ese penalti
de Messi le dio un poco más de vida.

SIGLO XXI

La literatura y el fútbol comparten pocas cosas, pero hay una que sin duda los hermana: la dificultad para acertar las predicciones sobre los escritores y los jugadores que marcarán el futuro. Uno se fija en las antologías de poesía de voces prometedoras, o en los artículos que acaban de descubrir al nuevo Nabokov, la nueva Rodoreda, el nuevo Bolaño, y a menudo resulta que diez años más tarde la realidad ha desmentido tanto entusiasmo. Lo mismo ocurre con los analistas y los ojeadores del fútbol: cada semana descubren a un nuevo Cruyff, un nuevo Maradona, y, de hecho, seguro que ahora mismo hay padres del fútbol base del Barça que creen que su hijo será el nuevo Xavi, el nuevo Puyol, el nuevo Iniesta. (Dicho sea de paso, de momento no he oído a nadie que ya haya avistado seriamente al «nuevo Messi», quizá porque su dimensión es tan arrolladora que sería absurdo sugerir que alguien puede jugar como él, y en todo caso siempre podríamos recordar aquella frase a menudo atribuida a Picasso: «Bienvenidos mis imitadores, pues de ellos serán mis defectos».)

Ya sabemos, también, que la mayoría de los críticos literarios y analistas futbolísticos han cultivado su ojo clínico desde la observación teórica, y es raro que hayan sobresalido físicamente en el arte que estudian con tanta devoción —y las pachangas de solteros contra casados o los versos de circunstancia para la jubilación de un amigo no cuentan—. De vez en cuando, sin embargo, aparece algún cerebro privilegiado que, desde la experiencia personal, se atreve a hacer una predicción y acierta. Pienso, por ejemplo, en el gran Helenio Herrera, el Mago, mito contradictorio, psicólogo de vestuario y visionario del fútbol moderno. En 1979, cuando Maradona tenía diecinueve años y empezaba a despuntar en Argentinos Juniors pero aún no había ganado nada, H. H. concedió una entrevista a la revista deportiva *El Gráfico* y le preguntaron cómo sería el futbolista del futuro. «El futbolista del siglo XXI», respondió, «será precisamente como Maradona. Bajito pero muy atlético, con esa magia que también tienen las computadoras y Maradona.» Él no lo podía saber, pero en realidad estaba definiendo a Messi.

Cinco años más tarde, en 1984, poco antes de morir, el escritor Italo Calvino redactó una serie de conferencias que tenía que impartir en la Universidad de Harvard y que se publicaron con el título de *Lec-*

ciones americanas y el subtítulo de «Seis propuestas para el próximo milenio». Calvino perfilaba cinco conceptos que según él iban a definir el arte y la literatura del siglo XXI y valía la pena tener en cuenta: levedad, rapidez, exactitud, visibilidad y multiplicidad. Sin saberlo, también estaba hablando de Leo Messi.

Levedad

Calvino defiende y reclama a los artistas una serie de cualidades que Messi, precisamente, sabe explotar con esa mezcla de intuición y conciencia, de talento y experiencia, que solo tienen los mejores futbolistas. Messi ya era ligero de pequeño, incluso demasiado, y el tratamiento hormonal de crecimiento le dio el punto justo de gravedad que necesitaba. Esta levedad física, además, se volvió también mental –o espiritual, si se quiere– a medida que pasaban los años y llegaban los éxitos. Calvino se fija ante todo en el héroe Perseo, «que vuela con sus sandalias aladas»,* y a partir de su actitud recuerda a una serie de autores que dan esta impresión de agilidad: desde Lucrecio, que quiere «evitar que el peso de la materia nos aplaste», hasta Shakespeare, cuando hace decir a Próspero que somos «de

* Todas las citas de Italo Calvino provienen de *Seis propuestas para el próximo milenio* (Siruela, 1989), traducción de Aurora Bernárdez.

la misma sustancia de que están hechos los sueños». Son palabras que reflejan esa facilidad de Messi para escabullirse entre defensas como si sus pies no tocaran el suelo, pero si tuviera que elegir el momento en que representa mejor esta levedad, tendría que ser el del gol que marcó en la final de Champions de Roma, contra el Manchester United, el 27 de mayo de 2009. Xavi lleva el balón en la línea de medios, hacia la derecha, busca la jugada y ve a Messi que se perfila entre dos defensas, en el balcón del área. Esta posición de escorzo le indica que está esperando un centro, y Xavi, que es muy listo, lo entiende. Centra un balón fuerte y colocado. Messi corre y de repente salta, se levanta por detrás del defensa Ferdinand (que mide 1,89 m), se eleva y pasa el tiempo necesario en el aire para rematar de cabeza y superar con una parábola al portero Van der Sar (que mide 1,97 m). Su cuerpo se echa hacia atrás para llegar mejor al balón, y si no fuera porque da un cabezazo milimetrado y lo manda por encima del portero y es gol, y el gol es lo más terrenal del mundo, uno diría que Messi va a subir como un globo de helio, ligero, ingrávido, hasta el cielo.

Rapidez

En manos de Italo Calvino, la rapidez es sobre todo «la relación entre la velocidad física y la velocidad mental». La velocidad, sin embargo, también

78

pide el arte de la pausa, saber detenerse de vez en cuando para resaltar la rapidez eficiente y, citando un cuento de Boccaccio en el *Decamerón*, remarcar que «en la propiedad estilística se trata de rapidez de adaptación, agilidad de la expresión y del pensamiento». A veces la rapidez de Messi es solo un espejismo. No es el jugador más veloz, ni el que corre más durante el partido, pero sí que es de los mejores a la hora de ajustar la agilidad entre lo que quiere hacer y lo que consigue hacer. Además, es de los más rápidos con el balón en los pies, también a la hora de quitárselo de encima, de no sortearlo, de darle recorrido en el espacio. La cabeza piensa tan rápido que a menudo parece un acto reflejo, una acción instintiva e inevitable, por eso hace tan pocas excursiones a la frivolidad. A la hora de regatear, por ejemplo, si le basta con una bicicleta no va a hacer dos (guiño crítico a los ataques de barroquismo de Cristiano Ronaldo).

Ejemplos de esta rapidez aplicada al juego hay muchos, pero me quedo con el gol que nos legó el 30 de mayo de 2015, en la final de la Copa del Rey contra el Athletic, y que es uno de los mejores de su carrera. El carácter depredador cuando huele la posibilidad de marcar, el juego de piernas para dejar atrás a tres rivales en un segundo, las pausas para elegir el camino hacia la portería y la velocidad con que chuta cuando ve el agujero: todo se confabula para conseguir un gol prodigioso.

Por la trascendencia y la belleza, es un gol que muchos aficionados conservan en el ranking de los diez mejores. El diario *Sport* hizo un análisis científico de toda la jugada y detalló que dura 11,4 segundos y Messi recorre 55 metros. A la hora de patear la pelota lo hace con una precisión nanotecnológica y pasa por el único lugar posible: si la hubiera enviado 1,5 milímetros más a la derecha o la izquierda, la habría parado el portero o habría ido al palo.

Exactitud

La rapidez, pues, aún es más efectiva si va acompañada de la exactitud. En este caso, sin embargo, Calvino subraya que es una apuesta artística a favor de «las imágenes nítidas, incisivas, memorables» y «el lenguaje más preciso posible», y en contra de una «epidemia pestilencial» que favorece la expresión aproximada, casual, desconsiderada. La precisión con que Messi suele jugar también es un combate –y debería ser un ejemplo– contra el ruido de fondo que empobrece el fútbol: las faltas, la pérdida de tiempo, los penaltis simulados, las abominaciones defensivas, el egoísmo del delantero chupón. Messi no se deja caer nunca en el área, no se deja tentar por ejercicios teatrales, no busca artificios que disfracen su juego. Por eso tampoco tolera bien a los entrenadores que se prestan a la especulación del resultado ni a los árbitros arbitrarios, esos que no tienen un criterio claro o que favorecen el pastiche futbolístico.

Calvino cita un texto de Paul Valéry en el que define el impulso creativo de Edgar Allan Poe, pero bien podría ser una descripción del fútbol de Messi: «El demonio de la lucidez, el genio del análisis y el inventor de las combinaciones más nuevas y seductoras de la lógica con la imaginación».

Visibilidad

En su pronóstico sobre el perfil del jugador del siglo XXI, Helenio Herrera decía que tendría la magia de los ordenadores, y eso me hace pensar en todas las veces que alguien ha dicho que el fútbol de Messi es como de videojuego (una evolución de los dibujos animados que representaba Romario). Es probable que H. H., desde la idea que se tenía de la informática en 1979, se refiera al misterio de procesar la información con una complejidad inhumana, mágica, y los aficionados de los videojuegos ven en Messi una forma de jugar, un ritmo y un despliegue de recursos que solo parece factible en la realidad virtual y no sobre el césped real de un campo de fútbol. A esta capacidad para imaginar lo que es imposible, porque hasta ahora no existía, Italo Calvino la llama visibilidad. Vivimos unos tiempos en que las imágenes se nos imponen y nos abruman desde el exceso. En la época de Kubala, los futbolistas no veían casi nunca los goles que hacían ellos mismos, y mucho menos los de los rivales. Como máximo los recordaban mentalmente y los refrescaban a partir de las crónicas y las fotos de los diarios, con suerte en el No-Do franquista que se proyectaba en los cines. Y los espectadores, igual: si uno no estaba en el campo, la locución de radio y, al día siguiente, el reporte de la prensa escrita y gráfica eran las principales fuentes, por no decir las únicas, a la hora de imaginar las jugadas.

Ahora ocurre todo lo contrario. Seguimos los partidos en directo y, al instante, si son importantes, vemos las jugadas repetidas desde todos los ángulos, a cámara lenta, comentadas por un especialista. Al día siguiente las recuperamos por internet, las comparamos con otros momentos del pasado, las analizamos. Y los futbolistas, igual: cuando es creativo, su juego a menudo ya no opera desde la imaginación pura, sino desde la repetición de lo que han visto antes. Lo vemos incluso en los niños pequeños en la calle o en el patio de la escuela: intentan hacer ese quiebro de Ronaldinho, celebran los goles con un baile de Dani Alves, copian el peinado de Neymar. Por no hablar de los entrenadores, que con las estrategias y tácticas intentan prever lo que por esencia es imprevisible...

En este contexto, Calvino explica que la imaginación visual debe ir acompañada de un orden que le dé sentido —el estilo, en el caso de los narradores—, es decir, de «una red donde razonamientos y expresión verbal imponen también su lógica». Traducido al fútbol, significa que la capacidad de inventar, de buscar soluciones, debe estar controlada por el sentido práctico: nadie en su sano juicio se pone a regatear con fantasía en el área defensiva, por ejemplo, ni arriesga una chilena difícil (pero que sería más espectacular) si el remate de cabeza es más franco.

Un buen ejemplo de esta intencionalidad son las faltas directas. A lo largo de su carrera profesional, con el Barça y con la selección argentina, Messi ha conseguido 60 goles de falta directa (enero de 2023). La mayoría entraron por la izquierda del portero, buscando la cruceta, y solo en dos ocasiones probó una pillería, siempre con éxito: chutar a ras de suelo y hacer pasar el balón por debajo de la barrera. La primera tuvo lugar en un Argentina contra Uruguay de clasificación para el Mundial, y de pronto pareció que era la mejor opción. La segunda fue durante la primera visita del Girona al Camp Nou como equipo de primera división, el 24 de febrero de 2018. Messi chutó una falta con la misma estrategia, fue gol y, de repente, todos los barcelonistas recordamos que en sus días gloriosos Ronaldinho también había firmado un gol como ese. Messi, ya se ha dicho, es un futbolista que reinventa a los clásicos. Además, a partir de entonces, ante una falta, los porteros rivales también estaban obligados a calcular esa posibilidad, y la duda se instalaba entre los jugadores de la barrera —¿qué hago, doy un salto o no?—, por eso desde entonces se ha consolidado la estrategia de situar a un hombre tumbado detrás. Con sus acciones, Messi también ha cambiado la forma de jugar al fútbol.

Multiplicidad

Incluso cuando no juega, cuando no está en el campo, Messi juega con el Barça. Su ausencia no es, lógicamente, tan determinante como su presencia, pero es natural que tenga una influencia en el partido. Si es uno de esos días raros en que el entrenador le ha dejado en el banquillo, los rivales le miran de reojo y temen el momento en que salga, y esa amenaza condiciona de alguna manera su fútbol: quizá los acelera demasiado para intentar resolver el partido antes de que él salte al campo, o puede que sea al revés y los ralentice, les frene las ganas de atacar para que no despierte la bestia. Cuando Messi no está sobre el terreno de juego, sus compañeros de equipo también juegan de diferente forma. Son once, pero en su interior saben que es como jugar con diez, porque el 10 es insustituible. Entonces su ausencia los anima, los activa. Cuando tienen el balón en los pies, lo buscan con la mirada y no lo encuentran, combinan esperando que aparezca por arte de magia –porque siempre está ahí–, y entonces no les queda otra solución que tratar de llenar su vacío.

Esta proyección en ausencia es también una de las muchas combinaciones que dan multiplicidad a

Messi. Italo Calvino elige a otro argentino, Jorge Luis Borges, como «el modelo de la red de posibles [que] puede, pues, concentrarse en las pocas páginas de un cuento». Y quien dice un cuento dice una jugada colectiva basada en la posesión del balón. En otro momento de su texto, Calvino escribe: «Los libros modernos que más amamos nacen de la confluencia y el choque de una multiplicidad de métodos interpretativos, modos de pensar, estilos de expresión». Messi ofrece un perfil de futbolista que, en cada jugada, estalla en mil matices y a la vez concentra en el presente la esencia del fútbol, todo lo que debe hacerse bien. Pregunten a los aficionados de qué juega Messi y tendrán un montón de respuestas. El que acierte más será quien diga: «¡De todo!». Desde sus inicios con Rijkaard como extremo derecho, pasando por la apuesta de Guardiola de falso nueve, el argentino ha ido ensayando varias posiciones, del medio campo hacia arriba. Pero es que además, cuando es necesario, baja a defender, recupera balones, es el primer delantero que presiona. Messi se reparte por el campo, hace goles y da asistencias, ordena el juego y se ofrece como pasador. Un día lejano aprendió que no era necesario hacer todas las jugadas de principio a fin, sino que cada paso, cada desmarque de un compañero ofrecía una alternativa. Y es en esta multiplicidad donde está la esperanza de futuro, porque constantemente sabe encontrar el lugar donde ser útil. Pasarán los años, se acercará la hora de su retirada y, a medida que se aleje del área porque ya no es tan determinante, seguro que siempre encontrará la manera de hacerse visible.

DIEGO ARMANDO

Maradona es Maradona a veces. Messi es
Maradona todos los días.

SANTIAGO SEGUROLA

Argentina ganó su segundo Mundial, celebrado
en México, el 29 de junio de 1986. Un novelista impetuoso, dickensiano, amante de las coincidencias,
manipularía el calendario para contar que Messi llegó al mundo exactamente nueve meses más tarde,
como una consecuencia más de aquella tarde feliz.
Pero no, en realidad nació casi un año después: el
24 de junio de 1987. De todos modos, es evidente
que aquel niño inquieto y esmirriado creció en un
país en el que Maradona era la gran figura mediática,
el nombre que ponía de acuerdo a todos los argentinos. El país vivía entonces un retorno a la democra-
cia con muchas turbulencias políticas. El fin de la
dictadura militar y la elección de Raúl Alfonsín
como presidente de concordia empezaban a mostrar
grietas en la voluntad de ajustar cuentas con los mili-
tares. Se aprobaban leyes de impunidad que preten-
dían suavizar las condenas, de vez en cuando se oía
de nuevo el ruido de sables. Entretanto las Madres de

la Plaza de Mayo seguían manifestándose y reclamando justicia para los desaparecidos, y Sting cantaba «Ellas bailan solas» y las invitaba a sus conciertos para que todo el mundo conociera su lucha incansable.

Maradona jugaba entonces en el Nápoles, era una estrella en la distancia. El año después del Mundial ganó el *scudetto* y la Copa de Italia, lo que le convirtió en un futbolista aún más famoso. Muchos ya lo consideraban el mejor del mundo. Mientras Messi crecía en Rosario, Maradona ganó otra liga en Nápoles, perdió con Argentina la final del Mundial de Italia en 1990 y unos meses después dio el primer positivo en un control antidopaje. Estuvo quince meses suspendido, sin jugar partidos oficiales, y en 1992 jugó una temporada en el Sevilla FC, atraído por su entrenador, Carlos Bilardo. Era ese jugador de la media melena, capitán del equipo desde el primer partido, que ya no corría mucho pero asistía como los ángeles y lo chutaba todo. A final de temporada Maradona estaba a punto de cumplir treinta y tres años y su fútbol iba de baja, pero sabía que aún le quedaba un Mundial por disputar —en Estados Unidos—, y entonces decidió que tenía que jugar de nuevo en Argentina.

A buen seguro podía escoger, y el equipo elegido fue el Newell's Old Boys, de Rosario. El 7 de octubre de 1993 debutó en un partido amistoso contra el Emelec, de Ecuador, que terminó 1-0 a favor del Newell's, con un buen gol precisamente de Maradona, que ya se había cortado la media melena y ahora se le veía más en forma. Esa noche se habían congregado 40.000 personas en el estadio para darle la bienvenida, y cuando Maradona marcó el gol, algunas saltaron al campo para abrazarlo. Entre el público, tal vez aburrido como todos los niños de su edad, quizá somnoliento, pero sin duda fascinado por aquella figura, estaba un Leo Messi de seis años, acompañado de su padre, y el novelista impetuoso seguro que aquí le haría saltar al terreno de juego para abrazar al ídolo argentino.

Rosario era un buen lugar para volver al fútbol de su país. Así evitaba la presión constante de Buenos Aires y a su vez llegaba a una ciudad con muchísima tradición futbolística. La rivalidad se produce allí entre los dos grandes equipos, el Newell's Old Boys y el Rosario Central. La afición del Ñuls (pronunciación castellanizada de Newell's) es conocida como «la lepra», y a mucha honra. El mote proviene de los años veinte, cuando los dos clubes de la ciudad tenían que jugar un partido de beneficencia para el Patronato de Leprosos. Los de Rosario Central se negaron, hay que suponer que por un absurdo prejuicio higiénico, y a partir de entonces los rivales los empezaron a insultar con el mote de «canallas»; la réplica convirtió en «leprosos» a los aficionados del Newell's.

Me pregunto si Leo Messi ya fue a ese partido con la camiseta roja y negra de los leprosos. En su casa todos eran aficionados al Ñuls –todos menos uno de sus hermanos, Matías, que sigue al Rosario Central–. Su padre le había regalado la primera camiseta al cumplir un año. Este tipo de detalles sobre su infancia aparecen en la espléndida biografía de Messi escrita por Guillem Balagué (Cúpula, 2014). La casa donde vivía cuando era pequeño (calle Estado de Israel, 525). La edad de sus padres cuando él nació: Jorge Messi, veintinueve años, y Celia Cuccittini, veintisiete. El nombre de las profesoras que lo tutelaban en la escuela. La progresión en matemáticas y expresión escrita a los ocho años, cuando empieza a jugar al fútbol más asiduamente...

Al final la aventura de Maradona con los leprosos fue muy corta. Solo llegó a jugar cinco partidos oficiales, y no marcó ningún gol. Se fue con la excusa de una lesión y a partir de entonces, sin equipo, se preparó para el regreso con la selección nacional de cara al Mundial de aquel verano de 1994, en el que hoy sabemos que nuevamente dio positivo en un control antidopaje.

El 21 de marzo de ese año, solo dos meses después del último partido de Maradona con el Newell's, Messi tuvo la primera ficha de jugador en el club. Un punto de partida. Casi resulta inevitable imaginar qué habría pasado si Maradona se hubiera quedado en Rosario. Si un día, saliendo de un entrenamiento, alguien le hubiera hablado de ese crío bajito excepcional, un jugador único, y el Dios hubiera perdido veinte minutos de su tiempo para acercarse al campo donde entrenaban los niños y bendecir a la criatura. El abanico de posibilidades es amplísimo, y un presentimiento me hace creer que todos habríamos salido perdiendo, empezando por el propio Leo. Pero no vale la pena entrar en este tipo de especulaciones. No vale la pena porque entonces la imaginación se vuelve malévola y pienso que tal vez no lo habríamos visto nunca jugando en el Barça.

AERODINÁMICA

Messi es el único jugador más rápido con
un balón en los pies que sin balón.

PEP GUARDIOLA

De haber nacido en Brasil, es probable que Messi
se hubiera llamado Messinho, o incluso Messizinho,
y en Argentina todavía hay algunos periodistas que
lo citan por su apodo: la Pulga (que es como lo
conocían en su primer club, el Newell's Old Boys).
Cuando llegó a Barcelona para hacer las primeras
pruebas con el Barça, el 17 de septiembre de 2000,
Messi tenía trece años y no llegaba al metro y medio
(1,48 m). En una entrevista de 2004 en la televisión
argentina, el propio jugador explicaba que tenía «la
hormona dormida» –la hormona del crecimiento–,
y gracias al tratamiento que le subvencionó el FC
Barcelona, al cabo de cinco años ya medía 1,69 m y
pesaba 67 kilos. Tres años más tarde, a los veintiuno,
llegó al 1,70 m que mide hoy en día y que es posible-
mente la estatura ideal para un futbolista, sobre todo
si es un centrocampista de toque o un extremo. Es
como si le hubieran dado hormonas para crecer hasta la estatura perfecta y entonces se hubieran parado.

93

De vez en cuando, por esos mundos de Dios, aparece algún científico que intenta demostrar técnicamente lo que todos ya sabemos: que Messi es el mejor del mundo. Hay que admitir que los datos y teorías lo hacen aún más verosímil. En una época dominada por futbolistas altos y fuertes, Messi es un prodigio de la biomecánica que saca el máximo partido de su centro de gravedad bajo. En un artículo en *Bleach Report*, una web de deportes, el especialista en entrenamiento Ross Edgley citaba el *British Journal of Sports Medicine* para recordar que «en el campo de la ciencia deportiva, las actuaciones de élite se entienden como el resultado del entrenamiento y los factores genéticos». Es decir, un equilibrio en el eterno debate entre *nature vs nurture*, o naturaleza contra crianza. En los casos en que los factores genéticos están descompensados –como sucedía con el niño Messi–, las horas de entrenamiento son lo que acaba equilibrando la situación. La habilidad para regatear, por ejemplo, proviene de este ejercicio que desde pequeño practicó para superar la desventaja física. Y añade: «Los futbolistas que dan el paso más corto y un centro de gravedad más bajo son capaces de desacelerar más deprisa, anticipar los cambios en el movimiento y acelerar de nuevo más rápido». Esto es lo que ocurría con Garrincha, uno de los regateadores más extraordinarios que ha dado el fútbol: había nacido con las piernas torcidas y después de horas y horas de jugar había superado el defecto con una habilidad extrema.

Así, desde su metro setenta, centímetro más o menos, Messi forma parte de una estirpe de jugadores que han dominado el quiebro y la posesión del balón en parte porque lo tenían más cerca. Por poner algunos ejemplos: Maradona medía 1,65. Romario y Zagallo, 1,67. Xavi, 1,68. El gran Garrincha medía 1,69, al igual que Iker Muniain. Raheem Sterling, Eusebio Sacristán y Jordi Alba, 1,70. Iniesta, 1,71. Modric, 1,72. Y a partir de ahí, todos ya son demasiado altos. En una conversación con Jorge Valdano, Johan Cruyff elogiaba las cualidades únicas de Messi y ponía de relieve que, para poder seleccionar bien las oportunidades de regate y desmarque, era esencial que tuviera compañeros de equipo como Iniesta y Xavi para poder jugar al primer toque. «Además», decía, «tiene la enorme ventaja de que los puede mirar a los ojos, porque son de su tamaño. Estos detalles marcan la diferencia.»

La estatura, por supuesto, no lo es todo, y de hecho hay que tener un instinto especial para saber sacar todo el partido aerodinámico de tu cuerpo. Uno de los recursos en los que Messi sobresale es el de la pausa en el juego. Del mismo modo que sabe acelerar con el balón en los pies, o anticipar la reacción del defensa contrario —el paso adelante, la forma de poner el pie— una centésima de segundo antes que los demás jugadores, algo que a menudo le da una ventaja decisiva, también sabe controlar los tempos de la jugada y hacer una pausa minúscula, de algo así como medio segundo, que le permite dominar el juego. Es como si detuviera el tiempo, como si hiciera un *reset* de la jugada para sacar ventaja.

En el mundo de la música, los productores más comerciales suspiran por lo que llaman *the money note,* la nota del dinero. Con este nombre identifican la nota que hace que una canción pop sea un gran éxito mundial. A veces es una nota más alta, o más larga, o incluso puede ser medio compás de silencio que retrasa la continuación del estribillo. Es ese momento que todo el mundo recuerda y, cuando uno vuelve a escuchar la canción, espera. Uno de los ejemplos más conocidos es la canción «I Will Always Love You», de Whitney Houston, donde la nota del dinero llega en el minuto 3.10: una pausa brevísima, un golpe de batería y la voz que grita: «And Aaaiiaaaai...». Y en la canción «Faith» George Michael conseguía esa nota del dinero buscando una pausa. A veces, cuando veo cómo gestiona Messi los regates, cómo avanza y se detiene (casi como si se deslizara a propósito medio segundo sobre el césped), me viene a la mente esa estrategia musical: una pausa que deja al contrario hipnotizado y él que lo aprovecha.

Por todo ello, Messi es el jugador más decisivo de la liga española, y en cambio no es el que más va a parar al suelo ni el más castigado por los defensas. Así, en la temporada 2016-17 el jugador que recibió más faltas fue Neymar (126), y en cambio Messi quedó el décimo en el ranking de damnificados (solo 79 faltas). La cuestión es que a Messi es muy difícil detenerlo, con falta o sin falta. A veces, cuando repaso algunos goles suyos que nacen de jugada, da la impresión de que los rivales se aparten, como si se asustaran nada más verlo, o incluso como si quisieran ser los primeros en contemplar cómo avanzará. Es una impresión falsa, claro. Me acuerdo de ese gol de semifinales de Champions contra el Bayern de Múnich, en el Camp Nou, el 2-0 –el de Boateng, para que nos entendamos–: Messi recibe un balón fuera del área, en carrera, y avanza hacia la portería. Lo marca el defensa Boateng, que le deja libre su derecha porque sabe que es la mala (o la menos buena). Messi amaga hacia la izquierda, lo hace dudar una décima de segundo y entonces le rompe la cintura driblando hacia la derecha. Boateng no puede soportar físicamente el giro, es demasiado alto y pesado, y se va al suelo como si se dejara caer –parece un truco de payaso, de *slapstick* a lo Buster Keaton–. Messi entonces avanza sin oposición, y cuando sale el portero Neuer, le bate con una media vaselina. En Boateng veo reflejados a muchos de los defensas que tienen que sufrir a Messi, tipos desorientados que ven cómo en las jugadas él acostumbra a imponer su centro de gravedad: el partido se juega a su altura.

Digo que es muy difícil hacerle falta, pero no es que los defensas no lo intenten. Cuando no quedan retratados como el pobre Boateng, los rivales intentan desestabilizarlo con el cuerpo, con empujones, persiguiéndole, agarrándole de la camiseta, pero él siempre se levanta, siempre continúa, no da ninguna jugada por perdida. Hace algunos años, en 2012, el escritor argentino Hernán Casciari, que entonces vivía en Barcelona, se hizo famoso con un texto provocador, sentimental y muy bello, «Messi es un perro». Lo publicó en la revista *Orsai*, después de ver un vídeo titulado *Messi Never Dives* («Messi nunca se tira», podríamos decir). Era una recopilación de jugadas en las que los rivales intentan detener a Messi con todo tipo de faltas y golpes, pisotones, zancadillas, pero él siempre se levanta y sigue, obsesionado, sin quejarse. Casciari escribe que «los ojos de Messi están siempre concentrados en la pelota, pero no en el fútbol ni en el contexto». Como si estuviera «en trance, hipnotizado», con la única misión de hacer entrar el balón en la portería contraria. Esta actitud, escribe, le recuerda al perro que tenía de pequeño cuando agarraba una esponja que le gustaba mucho y no había forma de que la soltara. Solo tenía ojos para la esponja. «Messi es un perro», escribe, «Messi es un enfermo. Es una enfermedad rara que me emociona, porque yo amaba a Totín [su perro], y ahora él es el último hombre perro.» La comparación es extrema, de acuerdo, y un poco irreverente, pero sirve para remarcar el instinto puro, animal, que tan a menudo mueve a Messi cuando juega al fútbol.

MARADONA

A veces me pregunto en qué momento Maradona se dio cuenta de que Messi era mejor que él, si es que se dio cuenta. (Sí, ya lo sé, aquí me tiro a la piscina descaradamente.) ¿Fue el día que Leo hizo «el gol de Maradona» frente al Getafe? Messi tenía entonces diecinueve años, y con una determinación de veterano reprodujo sin darse cuenta el golazo contra Inglaterra de Maradona (que lo había conseguido a los veinticinco). Era como si le dijera: ya he hecho tu mejor gol, ahora ya me puedo quitar de encima la presión y dedicarme a inventar mis propias maravillas.

Solo que no se la quitó de encima, al contrario. A medida que Leo ganaba títulos y superaba récords con el Barça, Diego se encargaba de hacernos saber que le faltaba el principal título que él poseía, el más honroso, un campeonato del mundo ganado con Argentina. Esta carencia (que se resolvió, por si hace falta recordarlo, en el Mundial de Qatar 2022) había provocado a lo largo de los años un memorial de

99

agravios que Messi y su familia digerían con dificultad. El propio Diego no escatimó críticas, como en una de las etapas más bajas de la selección, cuando la entrenaba el Coco Basile y debían clasificarse para el Mundial de 2010. Tras un partido soporífero en el que Argentina empató con Perú, Maradona hacía un análisis para una cadena deportiva y dijo: «A veces Messi juega para Messi. Es el Deportivo Messi». Qué mala leche.

Cuando tocan esta cuestión, la mayoría de los argentinos dicen que no hay que comparar, que ambos son excepcionales, pero a continuación acaban haciendo una comparación. No pueden evitarlo. «Messi es un póster, Maradona es una bandera», apuntaba Hugo Asch. En la revista *Jot Down*, Patricio Pron escribía que se trata de una comparación «imposible e indeseable», sobre todo por razones históricas y sociales de su país, y ensayaba otra explicación: «Los argentinos amamos a Maradona debido a que sus excesos, accidentes y caídas nos reflejan, o reflejan lo que deseamos creer: que la posesión de un talento lleva a la condenación del sujeto que lo posee y que, por consiguiente, es mejor no esforzarse». Eduardo Sacheri también es de los que ha reflexionado con más tino y dice, por ejemplo, que no se pueden comparar porque la obra de Maradona ya es «una obra completa» y en cambio la de Messi está en progresión constante. A saber qué nos puede ofrecer todavía. Sacheri también escribe una frase importante:

100

«No es culpa de Messi que los argentinos seamos incapaces de cerrar nuestro duelo con Diego, con su retiro, con su partida, con el hecho indubitable de que ya no juega más».

Puede que esta imposibilidad de hacer el duelo, que decía Sacheri, incluso por parte del propio Maradona, tuviera que ver con Messi. Hay que decir que uno y otro hicieron esfuerzos para acercarse, y que con los años la relación se volvió incluso fluida y amistosa, atravesada por la presencia de eso que ahora llaman *cuñadismo*, esto es, la tendencia a dar lecciones por parte de Diego.

En todo caso hay un momento clave en la relación de ambos: cuando Maradona se convierte en el seleccionador de Argentina, en octubre de 2008, con la misión de llevar a su equipo a la victoria del Mundial de 2010. Sabiendo que de él depende, Maradona escucha a Messi, le pregunta cómo y dónde le gustaría jugar, con qué compañeros. Le nombra capitán del equipo en detrimento de Verón (un detalle que habría hecho feliz al Maradona jugador, pero que para Messi quizá sea una responsabilidad que aún no puede asumir). Le da el número 10, un gesto lógico pero cargado de simbología: era su número, y después fue el del Burrito Ortega, D'Alessandro, Pablo Aimar, Riquelme y el propio Verón. Es algo que impone. Mascherano ha dejado entrever en alguna entrevista que Maradona veía a Messi como una proyección de sí mismo en el campo —«¡había rejuvenecido treinta años!», dice el Jefecito—, lo que me hace pensar en el Woody Allen de la última época, cuando escoge actores para que acaben haciendo un papel que en el fondo es él mismo.

Todos los ingredientes estaban ahí, pero nunca terminó de funcionar. Messi se sentía implicado con la selección. Con el Barça de Guardiola había conseguido proyectar su mejor versión, la del enganche con libertad de movimientos. Maradona le buscaba en Argentina un Xavi, un Iniesta, un Busquets, pero no los encontró nunca. Las cifras cuentan que, con Maradona de seleccionador, Messi hizo tres goles en dieciséis partidos. Una miseria. Pasó por el Mundial de Sudáfrica sin ver portería, y Argentina quedó eliminada ante Alemania (4-0) en un partido desastroso de cuartos de final. A la postre ese Mundial lo ganó España, y yo me pregunto si en algún momento Messi pensó en una decisión que había tomado en Barcelona mucho tiempo atrás. Cuando tenía diecisiete años, la federación española le había tentado para que jugara con la Rojita en el Mundial Sub-17, como español naturalizado y acompañando a aquel equipo en el que estaban Cesc y David Silva, entre otros. Pero eligió Argentina, lo que parece la decisión más lógica: Messi siempre ha vivido en dos lugares a la vez, Rosario y Barcelona. Es una duplicidad física y mental que ni siquiera se rompió cuando le tocó emigrar a París: por primera vez viviría y jugaría en el extranjero.

Diego Armando Maradona falleció el 25 de noviembre de 2020, a los sesenta años, y sobra decir que los homenajes al jugador se reprodujeron en todo el mundo, destacando sus glorias pero también sus errores. En Argentina, por supuesto, la muerte y el funeral posterior se vivieron como un proceso de mitificación, casi de santificación, y estoy tentado de creer que, retrospectivamente, incluso ayudó (de forma simbólica) a que la albiceleste ganara la Copa del Mundo en Qatar. Como si, con su ausencia, Messi hubiera podido ocupar un espacio hasta entonces exclusivo de Maradona. Como si ganando el Mundial hubiera heredado por fin la veneración que una parte importante de los aficionados argentinos reservaban para Diego, por el simple hecho de que él les había dado una Copa del Mundo y Leo no.

Una vez, durante una estancia en Buenos Aires, quise indagar cuál era el factor diferencial entre los dos mitos argentinos, por qué Messi siempre era observado bajo la lupa de la duda, como chivo expiatorio, pese a que ya había batido todos los récords de la selección y sus actuaciones eran casi siempre extraordinarias. ¿Qué era lo que les dolía, más allá de que Leo hubiera crecido en el fútbol europeo? Un taxista parlanchín me lo definió muy bien: «A Messi», me dijo, «le falta *argentinidad*». ¿En qué se puede concretar ese concepto abstracto? Quizá en la sangre caliente aplicada al juego, como trataré de ex-

103

poner más tarde, cuando llegue la hora de celebrar el éxito definitivo en el Mundial de Qatar. En todo caso queda una imagen para el recuerdo: cuentan que, en la tanda de penaltis de la final contra Francia, Messi rezaba a Diego para que les ayudara desde el cielo justo antes del penalti definitivo que iba a chutar Montiel. Ese día sus plegarias fueron atendidas.

CAMINAR

No hay muchos jugadores que durante el partido anden mejor que Messi. Los hay que corren más, o que son más ágiles, o que abarcan más territorio con cuatro zancadas, pero el caminar de Messi es único. Beckenbauer caminaba por la defensa como quien se pasea por una propiedad privada, un jardín, y les decía a los jugadores: «Tú pasas, tú no pasas». Cuando no participaba en una jugada, el Mágico González deambulaba por el área rival con una parsimonia de peripatético que piensa. Ibrahimovic camina con el paso majestuoso y los aires de una ave zancuda, un flamenco que se sabe admirado. Messi, no, Messi camina como si hubiera perdido algún objeto. Parece que vaya mirando al suelo, cubre poco territorio, a veces incluso se diría que evalúa la distancia con los rivales, por si vale la pena acercarse o no. Hay porteros nerviosos que durante un partido caminan más que Messi, arriba y abajo, arriba y abajo. Si fuera otro jugador, a uno le darían ganas de pedirle que corra más, pero en el caso de Messi sabemos que es innecesario: nunca pierde de vista la jugada y sabe economizar los esfuerzos.

Curiosamente, el caminar de Messi solo inquieta a los aficionados del Barça cuando el equipo no acaba de funcionar. El año en que el entrenador era el Tata Martino, por ejemplo, en la temporada 2013-14, Messi caminaba más que nunca. «Es que se reserva para el Mundial», decíamos, y de alguna forma le justificábamos.

En octubre de 2013, el primer año en que Pep Guardiola dirigía al Bayern de Múnich, lo visité en su guarida de Sabenerstrasse. Pep me mostró los campos de entrenamiento, las instalaciones modernísimas, y tomamos un café en su despacho. Esa tarde estaba preparando el partido de Champions de aquella semana, contra el Viktoria Plzen, de la República Checa. Me enseñó la pantalla del ordenador en la que estaba estudiando el último partido que el Viktoria había jugado en su liga, y me di cuenta de que la imagen era extraña. Entonces me contó lo que sucedía: su equipo de colaboradores grababa los partidos de los rivales con una cámara fija que abarcaba todo el campo. Más que ver las acciones de un determinado jugador, quería tener una perspectiva general de los movimientos del equipo rival, las basculaciones, las áreas de presión, la tendencia natural de cada jugador. Me acuerdo ahora de ello y pienso que me gustaría ver todo un partido del Barça, un partido importante, con esa perspectiva estática –que al fin y al cabo es como encontrarse sentado en la mejor posición del campo–. Me gustaría poder fijar la vista únicamente en Messi y verlo caminar todo el rato, abstraerme de lo que ocurre a su alrededor, como parece que hace él, y seguir sus movimientos, sus reacciones: los pasos aleatorios, ese andar sin norte, adelante y atrás, y de golpe el latigazo, la carrera para aprovechar un pase, o su presencia en el arranque de una jugada, el inicio de algo que seguramente será importante.

En el famoso partido de la Copa del Rey contra el Getafe, por ejemplo, el del gol maradoniano. Es maravilloso volverlo a ver entero, sabiendo lo que ocurrirá en el minuto 29. Es como ver de nuevo una película que te gusta mucho, digamos *El guateque*, de Blake Edwards, y esperar el momento en que Peter Sellers pierde el zapato en la piscina. Lo has visto muchas veces, te lo sabes de memoria, pero la repetición solo aumenta la alegría. Bueno, pues llega el minuto 29 y Messi juega en el extremo derecho, cerca de la línea del centro del campo. Hace un par o tres de minutos ha bajado a defender y ha enviado un balón a córner. Ahora se recupera del esfuerzo. Sigue la jugada desde la distancia. Cuatro pasos adelante, dos pasos atrás; tres pasos adelante, uno al lado, dos atrás. Levanta la cabeza y se tensa cuando ve que la pelota se acerca a su zona; se relaja cuando el equipo la pierde, vuelve a caminar despacio. De repente recibe el balón Xavi, se le acerca y él se perfila. Parece que con la mirada le diga «estoy aquí», aunque Xavi ya lo sabe. Messi lo espera. Lo recibe y al momento ya hace un primer regate para quitarse a un jugador de encima. Otro regate, otro, etcétera. Pasan doce segundos, tan solo doce, y entonces se desata la locura colectiva.

En las antípodas de la pantalla fija de Guardiola, que te permite seguir a un jugador por todo el campo, hay otra estrategia que puede que todavía me guste más. En 2006, los artistas Douglas Gordon y Philippe Parreno estrenaron la película *Zidane. Un retrato del siglo XXI*. Planteado a medio camino entre el documental y la obra de arte, consistía en seguir durante un partido, todo el tiempo, lo que hacía Zinedine Zidane. El 23 de abril de 2005, con ocasión de un Real Madrid-Villarreal CF, estos artistas instalaron 17 cámaras sincronizadas en el Santiago Bernabéu y siguieron a Zidane todo el rato. De cerca, de lejos, caminando, sudando, regateando, corriendo, hablando, pidiendo el balón. Todas las cámaras detrás de él. De fondo, el ruido de los aficionados y, de vez en cuando, punteando algunos momentos, la música atmosférica de los escoceses Mogwai. La combinación de imágenes construye un estudio del personaje, físico y mental, un retrato del último gran jugador del siglo XX. Casi al final del partido Zidane se metió en una trifulca, agredió a un rival y lo expulsaron, así que incluso en ese detalle la película transmitía el carácter impredecible del fútbol.

A veces, cuando veo a Messi que camina por el campo y que después nos ofrece todas esas maravillas que solo él sabe hacer, pienso que se merecería un retrato filmado como el de Zidane. Una obra de arte en movimiento, él, que ya es y será sin duda el gran jugador del siglo XXI. Todas las cámaras siguiéndolo durante un partido para profundizar en el enigma de su talento. Nunca sabremos qué pasa en su cabeza mientras juega, pero al menos nos acercaríamos un poco más a ese secreto.

RONALDINHO

En el verano de 2004, a finales de julio, los astros se alinearon y el diario *El País* me envió a cubrir la gira asiática del Barça. Quizá, más que los astros, coincidió que se celebraban los Juegos Olímpicos de Atenas –destino para la mayoría de los periodistas de deportes– y que en el último momento una compañera de la sección se rompió la pierna. Y así, un jueves por la tarde, el maestro Ramon Besa me llamó para ofrecerme esa perita en dulce y me mandó al consulado chino a buscar un visado de urgencia: nos íbamos el lunes por la mañana. Era una de las primeras giras que el Barça hacía por Asia, en busca de eso que llamaban los mercados emergentes, y nos llevó a Corea del Sur (Seúl), Japón (Tokio) y China (Shanghái). Integrábamos la expedición una quincena de periodistas que viajábamos en un vuelo chárter junto con el equipo, el cuerpo técnico, varios directivos y unos cincuenta aficionados que habían pagado una suma considerable para sumarse a la gira.

Ahora, tantos años después, lo que me viene a la memoria es sobre todo la sensación de privilegio, de haber estado cerca de los jugadores, de haber vivido por dentro un mundo que me era ajeno y conocido a un grupo de compañeros periodistas que se desvivían para explicar a sus lectores hasta el último detalle de lo que pasaba alrededor del equipo (también conservo un reloj Rolex que compré en un mercado de falsificaciones, pero esa es otra historia). En mi caso, *El País* me pedía que escribiera la crónica de los tres partidos que iba a jugar el Barça, y que el resto de los días me moviera por las ciudades, buscara indicios de la famosa globalización del fútbol y lo contara: las colas de fans japoneses que querían un autógrafo de Ronaldinho, los pósters de Beckham anunciando calzoncillos en el metro de Seúl, los vendedores de camisetas falsas del FC Barcelona en los mercados de Shanghái...

Asimismo, mientras seguía el día a día del equipo, esas semanas también asistí –sin ser muy consciente de ello– a los primeros momentos de la conexión entre Messi y Ronaldinho. Como algunos jugadores de la plantilla estaban en los Juegos Olímpicos, en el último momento Frank Rijkaard había decidido llevarse a dos jóvenes del filial para completar la expedición: Pepe Mora y Leo Messi, que entonces acababa de cumplir diecisiete años. Yo no soy un periodista de raza, ni un profeta, y mentiría vilmente si dijera que esos días ya intuí que Messi se convertiría en un gran jugador, pero lo cierto es que entre los compañeros corría la voz de que era algo más que una promesa, que con el equipo B hacía cosas maravillosas, y poco a poco me fijé más en su forma de entrenar.

Messi ya daba entonces la imagen que con el tiempo se hizo tópica: la del chico reservado y retraído que no abría la boca. Se comportaba con tanta discreción que parecía asustado. No le veías nunca solo ni llevando la voz cantante en una juerga, solo se reía cuando se reían los demás, y la memoria me dice –pero puede traicionarme– que incluso intentaba controlar su talento, su exceso de habilidad, para no herir a sus compañeros, para no imponerse desde su humildad. En las sesiones de entrenamiento, como era de los nuevos, tenía que ayudar a llevar el material y los balones, y esa tarea, junto con su aspecto de chico que todavía está creciendo, le daba un aire de huerfanito explotado. A lo largo de la gira compartía habitación con Xavi, y quien había tomado esa decisión sabía lo que se hacía: no se me ocurre mejor anfitrión para conectarlo con el grupo, para darle conversación, para introducirlo en los valores del barcelonismo y el privilegio de jugar con los mayores.

Repaso los artículos que escribí durante aquella gira y veo que no cito a Messi muchas veces, pero también que el único ratito que jugó con el equipo –un cuarto de hora, al final del segundo partido de la gira–, dejó un balón en el travesaño y un gol con-

113

tra el Kashima Antlers de Japón, en el estadio nacional de Tokio. El protagonista de aquella gira fue Ronaldinho, y en la crónica del partido publicada en *El País* lo conté así: «Ronaldinho, por supuesto, es otra historia: el brasileño ya tenía en todo Japón una colonia de fieles adeptos, pero el partido que hilvanó, con algunas apariciones de figura, con cuentagotas, y una presencia latente y magnánima durante los noventa minutos, van a engrandecer todavía más su leyenda. En el último tramo del encuentro, sin ir más lejos, su entrega era tal que en la grada se presentía todo el rato un gol de marca y patente, pero cuando tuvo la oportunidad más clara, después de recibir un pase de Luis García y adentrarse en el área, cedió el balón al joven Messi, que era como decirle: "Toma, hazlo tú"».

Vale, lo acepto, mi narración era un poco sobreactuada para un partido amistoso, pero es que estaba escribiendo desde Tokio, caray. Lo importante es el gesto de Ronaldinho, que años después Messi ha sabido repetir con otros compañeros, en otros estadios. Todos los grandes jugadores saben ser generosos, y tal vez esta es una de las primeras cosas que «el joven Messi» aprendió de la estrella brasileña. Todos los grandes jugadores, también, cuando empiezan, se buscan un mentor en el vestuario. Se trata de esa voz de la experiencia que les dé a conocer los entresijos de la plantilla, los rituales del equipo, alguien que les transmita la filosofía del juego y la mejor actitud dentro del campo. Es probable que en aquel primer viaje Xavi fuese un buen consejero para Messi, pero, por increíble que parezca, Ronaldinho asumió enseguida el papel de mentor futbolístico. Talento llama a talento.

Dos años antes, mientras jugaba en las categorías inferiores, Saviola también se había interesado por aquel chico del que todos contaban grandes cosas. Incluso le había regalado su camiseta. Eran argentinos, se reconocían en su origen, pero Saviola no tenía ni dentro ni fuera del campo la personalidad que reclama un mentor. Ronaldinho –y en parte también Deco– sí supo ver enseguida el potencial de aquel chico. Lo ha contado el propio Messi: la temporada 2004-05, poco después de esa gira asiática, todavía tenía ficha del equipo B, pero entrenaba con los mayores y el entrenador le daba algunos minutos de vez en cuando. En el vestuario se cambiaba con los compañeros del B, en otra zona, hasta que un día Ronaldinho insistió para que se instalara en la taquilla de al lado de la suya, que estaba libre, y así formara parte del círculo. Rijkaard no tuvo inconveniente.

Ronaldinho y Messi jugaron juntos durante casi tres años y medio hasta el último partido del brasileño con el Barça, el 9 de marzo de 2008. El primer gol de Messi con el primer equipo llegó gracias a una asistencia de Ronaldinho, un gol memorable que se merece un espacio aparte entre las fechas especiales.

115

«Lo estuve buscando todo el partido», recordaba el brasileño años más tarde, «me hacía ilusión que marcara.» Después de aquel primer gol la conexión se repitió muchas veces, en ambas direcciones, aunque casi siempre Ronaldinho asistía y Messi marcaba. Repasar hoy esos partidos te permite entender mejor el aprendizaje: de qué forma, sin que sean necesarias las palabras, Ronaldinho le transmite la alegría del juego, la convicción de ser el mejor desde la humildad, la satisfacción de pasar un balón que acaba en gol. Cada vez que marcaba, Messi lo buscaba para la celebración, le señalaba en un acto de reconocimiento, se le subía a cuestas. Aprendía, cada partido, la complicidad de quien sabía más que él. Fueron los años de las sonrisas, del pelo largo, de la melena al viento, del cuerpo de veinte años que pone a prueba los límites en cada jugada. Después de ganar muchos títulos y un Balón de Oro, hacia el final de su vida en azulgrana, llegaron los altibajos del brasileño, las ausencias y los caprichos que dejaban al equipo en falso, y cuando Ronaldinho por fin se fue, Messi heredó su camiseta con el 10 en la espalda.

El tiempo a veces es caprichoso y se empeña en jugar con los destinos: el primer equipo de Ronaldinho en Europa fue el Paris Saint-Germain, donde militó entre 2001 y 2003. Veinte años más tarde, su amigo Messi hizo el viaje inverso, y ahora solo falta ver si jugará también dos temporadas allí, hasta el final de 2023. Ronaldinho siempre llevó el número 10, tanto en el Barça como al PSG, en cambio en París Messi optó por el 30 –el 10 era para Neymar–, que es el número que llevaba precisamente en sus inicios en el primer equipo, al lado del brasileño. Es un juego palindrómico, capicúa, pero quien lo desee también puede ver en ello una voluntad de volver a sus orígenes.

LESIONES

Hay recuerdos tan imborrables que es mejor escribirlos en presente, como si así no pudieran desaparecer nunca... Ustedes no saben lo que es el silencio si no han estado en el Camp Nou cuando Messi recibe una falta y no se levanta enseguida. Messi no es un comediante. Primero llega el estallido de la indignación, los gritos y los silbidos de cien mil padres y madres que ven que han pegado a su hijo, la niña de sus ojos, y esperan que el árbitro haga justicia y enseñe una tarjeta, si puede ser roja –porque abatir a Messi en plena jugada siempre es algo alevoso, ya sea como crimen premeditado o como revancha personal en caliente–. Luego, si el chico no se levanta inmediatamente, si se revuelve de dolor en el suelo, llega ese silencio denso, que convierte el estadio en una campana de vidrio. Diez segundos más y aquello ya es un funeral de Estado. Un minuto, tal vez menos, y entonces empieza el rumor en todo el campo, un zumbido que va creciendo a medida que los ojos se fijan en las reacciones de los otros jugadores, del árbitro que ordena que entre la asistencia médica. En televisión, al menos, el espectador tiene un primer plano del herido, ve si Messi se queja mucho, si hay sangre. En el campo no, en el campo todo el mundo habla en voz baja para no invocar los malos presagios. Están los que rezan, los que maldicen e insultan al rival leñero, los que sacan cuentas de los puntos que perderíamos si él no puede jugar durante un mes, dos meses, tres meses. Si alguien está escuchando la radio, se convierte al instante en el mensajero oficial para la grada: dicen que no parece grave, dicen que tiene mala pinta...

La noticia corre como un reguero de pólvora. Cada aficionado lleva un médico dentro. Quince días de reposo... Seguro que es muscular... Los isquiotibiales... Que lo metan en la cámara hiperbárica... Se emiten los diagnósticos según las necesidades del equipo en ese preciso momento. «Con los años ha aprendido a caerse, no será nada», dice el optimista. «Ya está, ya puede despedirse de la temporada», sentencia el pesimista. Por carácter y tradición, el barcelonismo está acostumbrado a vivir en la antesala del psicodrama: hasta que el Cruyff entrenador nos enseñó a tener fe, sufríamos por todo. Era el carácter heredado por generaciones de culés que en diciembre, o con suerte en febrero, ya se lamentaban de que «este año tampoco». Aunque hoy todo eso sigue enterrado bajo capas de confianza, estamos pendientes de Messi con un celo de jardinero real. Si lo vemos vomitar o simplemente tiene arcadas después de una carrera larga, nos ponemos todos en guardia. Si se toca el muslo en una pausa del juego, si camina mirando al suelo demasiado tiempo, si parece que está de mal humor... Sufrimos por él, y si pudiéramos subrogaríamos su posible dolor y nos lo repartiríamos entre todos los aficionados, solo para que pudiera continuar jugando. Sufrimos por él porque lo hemos visto lesionarse antes, y nunca ha sido fácil.

Con todo, la primera lesión de Messi, la primera con fractura ósea, no la vio mucha gente. Tal y como contó Albert Martín Vidal en un reportaje para la revista *Líbero*, cuando Messi tenía trece años le rompieron el peroné en un partido contra el Ebre Escola Esportiva, de Tortosa. Era el segundo partido que jugaba con el Infantil B, después de varias semanas de esperar el transfer internacional desde Argentina. En el primer minuto –se conserva un vídeo de ese día–, el niño Messi recibió un balón en el extremo, intentó hacer un quiebro y lo perdió. En el fuera de banda, un jugador del otro equipo quería alejar la pelota de la zona defensiva y, cuando estaba a punto de chutar, Messi puso la pierna delante, inesperadamente, y recibió todo el impacto. Ese jugador, llamado Marc Baiges, no supo hasta muchos años más tarde, gracias al reportaje, que una vez había roto la pierna a Leo Messi. También ignoraba, claro, que su acción fortuita había estado a punto de cambiar la historia tal como la conocemos. Messi tuvo que estar tres meses escayolado y con muletas. Aquella temporada, él y su familia vivían en un piso que les había dejado el club en el barrio de Les Corts, pero la madre y sus hermanos no se adaptaban a la vida barcelonesa y habían vuelto a Rosario. El padre tampoco lo veía claro, y un día agarró a su hijo –aburrido porque no podía jugar– y le preguntó si quería hacer las maletas y volverse a casa. Una palabra suya y compraba los billetes. «No, papá. Yo quiero triunfar en el Barcelona», fueron las palabras del niño Messi. Lo tenía claro.

Quizá por el recuerdo de aquellos meses tan duros, o simplemente porque no soporta estar sin jugar –en el dique seco, como reza el tópico periodístico–, Messi lo pasa muy mal cuando se lesiona. La primera gran baja de su vida profesional fue muscular, y fatídica, y se produjo el 7 de marzo de 2006, durante un partido de Champions contra el Chelsea de José Mourinho. Rotura del bíceps femoral de la pierna derecha. Dos meses y medio parado y, lo que es peor, sin poder participar en la final de la Champions de París. La imagen triste, abrazándose desolado a Frank Rijkaard cuando iba hacia el vestuario, se repitió dos años más tarde, en marzo de 2008, en otro partido de Champions, contra el Celtic de Glasgow. En medio había habido más lesiones musculares, tanto en la liga como con su selección, pero aquella fue especialmente sentida. Las lágrimas inconsolables, la sensación de impotencia, se debían a que tres meses antes, contra el Valencia, ya había padecido la misma lesión. A causa de momentos como ese el Camp Nou se queda en silencio y el aficionado empieza a sufrir.

Además, con tantas lesiones, corrió la idea de que aquello no era normal. Puestos a especular, los medios se preguntaban si esa debilidad muscular no era una consecuencia del crecimiento hormonal a destiempo (los médicos lo desmentían), y todo el mundo tenía teorías. Debería conocer mejor su cuerpo, decían. Saber cuándo puede forzar o no, decían. Lo cierto es que la llegada de Pep Guardiola como entrenador le trajo un cambio de dieta que le fue muy bien durante un par de años. Menos pizza y menos milanesa a la napolitana. Sin embargo, en 2013, tras un año con cuatro lesiones, Messi se puso en manos de un nutricionista italiano, Giuliano Poser, que le aconsejó un nuevo cambio de alimentación, si cabe más radical, para obtener el máximo rendimiento de cada músculo y a la vez prevenir lesiones. Se trata de seleccionar muy bien lo que se come, siempre en una dieta que favorece los ingredientes puros, como el aceite de oliva, la fruta de temporada, el pescado fresco –alimentos lo menos elaborados posible–. Desde entonces Messi ha sufrido varias lesiones, pero ninguna tan grave. La peor llegó en septiembre de 2015, un esguince de ligamento, dos meses de baja; en octubre de 2018 se rompió el radio del brazo derecho, otro mes de baja; en la pretemporada de 2019 se lesionó el sóleo de la pierna derecha, que le supuso cuarenta días sin jugar y perderse el inicio de la liga. Desde entonces, para suerte suya y de sus compañeros de equipo, Messi ha mantenido a raya las lesiones; de hecho, el período en el que estuvo más tiempo sin jugar durante una competición pareció responder a una carencia tanto física como psicológica: en agosto de 2021, cuando se concretó su marcha al PSG tuvo que realizar su propia pretemporada –veinticinco días– para recuperar la forma que el seísmo emocional de su despedida involuntaria le había causado. En su nuevo equipo, y sobre todo durante el 2022, Messi se perdió varios partidos (siempre con paros breves), ya fuera por cuarentena del covid, ya como prevención ante posibles lesiones que le hubieran impedido jugar el Mundial de diciembre.

Condiciones físicas aparte, varias de estas lesiones vinieron por las faltas de los rivales, que no siempre aceptan de buen grado su facilidad para regatearles, o que miden mal su capacidad de reacción. En septiembre de 2010, por ejemplo, en un partido contra el Atlético de Madrid, el defensa Ujfalusi segó su tobillo derecho con tanta saña –tarjeta roja directa– que Messi sufrió una distensión del ligamento lateral interno. Quince días de baja, y las imágenes del tobillo, abultado como una pelota de tenis, dieron la vuelta al mundo.

Es curioso –o no– que en la rueda de reconocimiento de los agresores de Messi aparezcan a menudo los jugadores del Real Madrid, en especial cuando los entrenaba José Mourinho. Es cierto que la rivalidad es intensa, y que Messi suele hacer grandes partidos contra el equipo blanco –pregunten al portero Casillas, con su gesto de morderse el labio y mirar al cielo cada vez que recogía el balón de dentro de la portería–, pero hemos visto a menudo un ensañamiento que parece nacer de la frustración personal. Marcelo y Pepe le han dejado marcas, y Sergio Ramos se ha hecho expulsar dos veces por entradas a Messi que llevaban el sello de la rabia, de los plomos fundidos.

A estas alturas, con los treinta y cinco años cumplidos, cada partido que Messi no juega es un agravio para el mundo del fútbol. Momentos que ya no recuperaremos nunca. Además, sus lesiones son un *memento mori* en clave futbolística, la señal de que un día Messi no volverá a jugar, de que le buscaremos con la mirada sobre el césped –como quizá le buscan sus compañeros, instintivamente, cuando está lesionado– y ya no estará. Entonces (*música dramática*) nos asomamos al abismo, y el sentido común nos dice que nuestra existencia no es más que un breve estallido de luz entre dos eternidades de oscuridad... De acuerdo, de acuerdo, tal vez no hay que exagerar y solo es un entrenamiento mental para cuando ya no juegue más.

NO FICCIÓN

Antes de Messi, nunca pensábamos en los récords. Las estadísticas, la descripción minuciosa del día a día del fútbol a través de los números, eran la antítesis de aquello que nos gusta más. Preferíamos emocionarnos ante lo que no se ha hecho nunca o lo que no sabe hacer nadie más.

Esta manía de las estadísticas viene de Estados Unidos, donde el rendimiento de los deportistas y de los equipos está calculado hasta el más mínimo detalle con la intención quimérica de prever el futuro. Y en parte tiene una explicación: en una temporada regular de la liga de béisbol, un equipo juega 162 partidos en seis meses, es decir, una media de seis partidos por semana. En la NBA, un equipo de baloncesto tiene que afrontar al menos 82 partidos por temporada, y 110 si llega a la final. No habrá tantos aficionados con el tiempo suficiente para seguir todas las citas. Las clasificaciones se actualizan más de una vez al día, según los diferentes husos horarios del país, y al final del campeonato los equipos que llegan a lo más alto son los que tienden a la regularidad.

Los números y las estadísticas son la no ficción del fútbol, el rastro frío e impersonal que años después pretende contarnos la historia, lo que sucedió. Y sin embargo no es esa la realidad que recordamos. Por ejemplo: ¿alguien sabe cómo terminó el partido contra el Getafe en el que Messi marcó ese gol? Perdón: ese Gol. Tenemos grabados en la memoria cada movimiento, el toque suave a la salida del portero, Eto'o que acompañaba la jugada y, alucinado, se lleva las manos a la cabeza, la celebración con los compañeros... Muy pocos, sin embargo, recuerdan que el resultado final fue 5-2. ¿De quién fueron los otros goles? Ah, misterio. Ese partido era de semifinales de la Copa del Rey, y todavía se recuerda menos el resultado de la vuelta: tres semanas más tarde, el Barça perdió en Getafe –un contundente 4-0– y quedó eliminado. Rijkaard había dejado a Messi en Barcelona, para que descansara, y fue una noche desastrosa para los culés. En el registro burocrático de las cifras, pues, el Gol de Messi quedó enterrado como algo inútil.

LeBron James, un gran jugador precisamente de la NBA, dice que los récords solo existen para poder superarlos. Y me ronda por la cabeza que, cuando entrenaba al Dream Team, Johan Cruyff bromeaba con que las estadísticas solo existen para ser desmentidas. De hecho, la importancia de las cifras solo sale a la luz cuando alguien las supera, y esta es otra de las virtudes del fútbol de Messi. Más allá de la huella documental, me gusta pensar que algunos jugadores consiguen la posteridad a través de los récords, y que algún día reciben de nuevo la atención porque finalmente pierden su corona. Telmo Zarra es un buen ejemplo: el delantero mítico del Athletic Club que conservó el récord de máximo goleador de la liga española, con 251 goles, durante casi sesenta años, hasta que Messi lo superó en noviembre de 2014. Un poco antes, el argentino ya había avanzado al máximo goleador de la historia del Barça, César, que contaba 232 goles desde 1955. O Gerd Torpedo Müller, el alemán que jugó en los años setenta con el Bayern de Múnich, y que ya ha visto cómo Messi le birlaba dos récords. Primero, en 2012, lo superó en el de máximo número de goles en un año natural: Müller había celebrado 85 a lo largo de 1972, y Messi llegó a los 91. Y más tarde, en enero de 2018, le adelantó en los goles marcados en un mismo campeonato de liga: el Torpedo se detuvo a los 365 en la Bundesliga y, con un gol de falta contra la Real Sociedad, Messi llegó a los 366 en la liga. Al final de esa temporada ya eran 383 goles y desde ese día la cifra siguió creciendo hasta llegar a los imposibles 474, en septiembre de 2021, momento en el que se detuvo cuando el goleador cambió de aires. Existe todavía la posibilidad lejana —y, para algunos aficionados, el deseo— de que un día esta cifra de goles marcados con el Barça pueda aumentar. El tiempo lo dirá.

Estoy apuntando todas estas cifras, que son solo una representación mínima de los récords que ha logrado Messi, y no puedo evitar un bostezo de aburrimiento. De hecho, es probable que lo de buscar récords sea una parafilia de algunos aficionados al fútbol y, además, resulte insaciable. Siempre habrá alguna posibilidad más, alguna estadística oscura para batir, tanto a nivel personal como colectivo...

Cuando estaba a punto de cumplir cincuenta años, el escritor Enrique Vila-Matas, socio culé de nacimiento, escribió un texto hablando de su aversión a los números redondos y al «injustificado y absurdo prestigio» que les damos: estaba definiendo el tedio que provoca a veces una celebración aleatoria, otra más. A principios de 2018, Messi marcó el gol 4.000 en partidos oficiales en el Camp Nou. Viva, qué bien. Tres días más tarde, Luis Suárez marcó el 4.001 contra el Alavés, y a pesar de que era más trascendente porque abría una remontada, le escatimaron los honores redondos.

No digo que no me interesen ocasionalmente los récords, o los aniversarios, o los números redondos, pero me gustan mucho más cuando van acompañados de una jugada memorable, cuando la efeméride es un valor añadido y ya está. Un ejemplo

130

fabuloso fue el gol número 500 de Messi en partido oficial, que llegó el 23 de abril de 2017, nada menos que en el Santiago Bernabéu, en una de las noches más memorables de los últimos años para los aficionados azulgranas. Seguro que se acuerdan. Barça y Madrid empataban a 2. Era el minuto 92, todo parecía decidido, y entonces Sergi Roberto arrancó desde el centro del campo, avanzó sin que nadie lo detuviera y abrió a la izquierda para André Gomes. El portugués se detiene, da un toque breve para Jordi Alba, que venía en carrera, y Alba centra hacia atrás tal como le viene. Entonces aparece Messi, de repente parece que el mundo se detenga una décima de segundo, que el cosmos se ordene y todo se ponga en su sitio, y desde el área pequeña Messi chuta por entre un bosque de piernas y la clava en un rincón de la portería, es el 2-3. Casi seguro que en ese preciso momento Messi no pensó que había marcado el gol 500 de su carrera, al menos no cuando estaba chutando, pero justo después, para celebrarlo, hizo un gesto que sí parece calculado, y es un gesto icónico que al día siguiente ocupó la portada de todos los periódicos porque resumía la emoción del juego y su omnipresencia épica: Messi se quitó la camiseta y la mostró a la grada del Bernabéu. Sereno, orgulloso, como si retrocediera en el tiempo y protagonizara de nuevo ese anuncio que grabó con Nike a los dieciocho años: «Recuerda mi nombre: Leo Messi».

En la rueda de prensa posterior al partido, Luis Enrique comentó: «Messi es decisivo incluso cuando está en su casa cenando».

En la secuencia de imágenes que han quedado de aquella noche, justo después del gol, se ve a Cristiano Ronaldo que niega con la cabeza, cabreado, y es en este punto donde los récords y las estadísticas empiezan a interesarme un poco. Porque desde hace años los defensores de CR7 se refugian en las cifras para compararlo con Messi, sin tener en cuenta que el fútbol es mucho más que eso, algo que va más allá incluso de la rivalidad entre dos marcas, Nike y Adidas. Como decía John Carlin en un artículo en *El País*, Cristiano es un delantero centro por naturaleza, «el mejor nueve del mundo», y lo demuestra en esta última fase de su carrera, pero también decía que le iría bien aprender a reírse de sí mismo, «porque es un nueve que nunca llegará al diez».

El primer territorio de conflicto es el del Balón de Oro. En 2018 ambos lo habían ganado cinco veces: de hecho, entre uno y otro se repartían la última década. Había que remontarse a 2007 para encontrar a un ganador distinto, el brasileño Kaká (y en esa ocasión lejana Cristiano ya fue segundo y Messi tercero). A lo largo de esta década de dominio bipartito, la rivalidad se hizo más mediática y ambos fueron conquistando récords. Además, todavía quedan algunos que pueden cambiar de dueño mientras sigan en activo. El de máximo goleador en la historia de la Champions, por ejemplo: el año 2015 ambos superaron el récord histórico que tenía Raúl González, con 77 goles, y a día de hoy (enero de 2023) Cristiano ya lleva 140 y Messi, 129. Ambos han conseguido ocho *hat-tricks* en competición europea. En la liga española, Messi ha marcado tres goles en 24 ocasiones, y Cristiano en 27...

¿Lo ven? De nuevo estoy bostezando. Y eso sin entrar en sus logros con las selecciones nacionales, Argentina y Portugal. En vez de dedicarme a hurgar en los archivos de este duelo personal para analizar más datos a favor de uno o de otro, tal vez valga la pena recordar que Messi es un poco más joven y previsiblemente tendrá más tiempo para seguir jugando a nivel internacional. Dos o tres años, quizá cinco, una eternidad para batir todos los récords y conseguir por fin que nadie hable nunca más de ellos por los siglos de los siglos.

SONRISAS Y LÁGRIMAS

Desde pequeño la fama le precedía. Todo el mundo había visto o quería ver a ese jugador que marcaba cuatro o cinco goles por partido, a menudo contra rivales de más edad. Quien lo había visto jugar, y no digamos ya quien lo había entrenado, se otorgaba el privilegio de hacer predicciones sobre su futuro. Poco a poco había despuntado en las diferentes categorías del club, y cuando el Canal 33 emitía algún partido del Barça B los sábados por la tarde, las audiencias subían. Con estas credenciales, es lógico que no recordemos un debut de Messi, como suele ocurrir con la mayoría de los jugadores, sino varios. De hecho, cuando explico que su estreno con el primer equipo del Barça tuvo lugar en el campo del Oporto, en un amistoso, convocado por Frank Rijkaard, muchos me corrigen y me hacen saber que no, que el debut de Messi fue en un Gamper en el Camp Nou. Contra el Juventus. Pero este fue, digamos, un debut apócrifo. La memoria es caprichosa y elige uno de los primeros días en que Messi despuntó y deslumbró a todos, un día festivo y con una carga histórica, fundacional. Tiene su lógica, porque en realidad ese día debutó como titular, y desde el primer minuto, con el partido como una hoja en blanco, pudo desplegar parte de su catálogo de maravillas. Era el 24 de agosto de 2005.

Hay que añadir, además, que las circunstancias lo convirtieron en un combate de sonrisas y lágrimas. Pero antes de hablar de aquella tarde tenemos que remontarnos a una semana atrás, al 17 de agosto, porque ese día hizo su debut con el primer equipo de la selección argentina, y no fue precisamente bien.

Argentina jugaba un partido amistoso en Hungría. La intención de José Pékerman, el seleccionador, era probar a jugadores nuevos, pero todo el mundo sabía que en realidad se trataba de hacer debutar a Messi. Con dieciocho años recién cumplidos, sería el más joven en estrenarse con la absoluta. El partido iba avanzando, Argentina ganaba 1-2 y en el minuto 64 Messi saltó al campo con el número 18 a la espalda, sustituyendo al delantero Lisandro López. Hay que ver esas imágenes a poder ser con música de terror. Messi sale y se sitúa en la media punta. Enseguida recibe una pelota y la toca para D'Alessandro, que la pierde. Unos segundos y alguien la recupera. El balón llega de nuevo a Messi, que pone la directa. Un centrocampista húngaro, un tal Vanczák, le embiste y le agarra por la camiseta, le hace falta. Messi intenta quitárselo de encima, se detiene, mueve los brazos, y el húngaro cae al suelo como si le hubiera dado un codazo terrible, se toca la cara para ver si está sangrando. El árbitro, que era alemán, seguía la jugada de cerca y, sin pensarlo dos veces, saca la tarjeta roja a Messi. Nadie puede creérselo, parece una broma, los jugadores argentinos rodean al árbitro. Es como si le dijeran: «Bobo, ¿no ves que acabas de expulsar injustamente a quien está llamado a ser el mejor jugador de la historia? ¿De verdad quieres tener esta mácula en tu expediente?». Mientras tanto Messi no hace nada, parece abatido, lo mira de lejos y se levanta la camiseta en un gesto de incredulidad y frustración. D'Alessandro, que en esa época jugaba en el Wolfsburg y hablaba un poco de alemán, se encara al árbitro y le dice: «¿Por qué quieres ser el protagonista? ¿No te das cuenta de que el *pibe* está debutando?». Como no hay nada que hacer, Messi camina cabizbajo, lentamente, hacia el vestuario. Ha estado en el campo ¿cuánto? ¿Cuarenta y siete segundos? Es una injusticia como una catedral. Al final del partido, cuando los demás jugadores vuelven al vestuario, encuentran a Messi llorando.

Hoy parece un error absurdo, casi una anécdota para entretener la sobremesa de una cena entre amigos, pero en ese momento dejó muy tocado al jugador. Incluso el defensa Vanczák dijo después que sacarle la roja había sido una exageración. En cuanto al árbitro, él mismo admitió años más tarde en una entrevista que se había equivocado y la falta merecía solo una tarjeta amarilla. No sé si escribir su nombre o callar. ¿Qué es mejor? ¿Penalizarle con el anonimato y ni siquiera relacionarlo con Leo Messi o que su nombre salga con todas las letras, para escarnio de su ofensa altiva y prepotente? El año anterior la UEFA lo había elegido mejor árbitro del mundo. Se llamaba Markus Merk, de profesión dentista, y su historial dice que era una especie de psicópata de las tarjetas rojas.

Al cabo de siete días, Messi salió a jugar el Trofeo Joan Gamper contra el Juventus, pero no hay que descartar que esa tarde también jugara contra el destino, como si una buena actuación pudiera borrar el mal trago de su debut con Argentina. Sabemos, también, que por aquellos años el socio aún iba al Gamper atraído por las novedades. El primer partido del verano servía para reencontrarse con los vecinos de asiento, contarse las vacaciones, conocer a los jugadores nuevos y empezar a valorar las perspectivas de futuro.

Esa tarde, al igual que toda la temporada, Messi llevaba el número 30 –Ronaldinho era el 10; Deco, el 20– y a los seis minutos de partido ya hizo la primera jugada por la banda derecha, con una finta que dejó sentado a su marcador, Pessotto, y un centro peligroso que no llegó a rematar Larsson. El Camp

Nou gritó al unísono un *¡oh!* espontáneo y el locutor de la cadena RAI 1 dijo: «*Messi a già fatto vedere un numero di alta scuola*» (lo he dejado en italiano porque causa una impresión más noble). Los jugadores de la Juve, que aún trotaban con el ritmo de la pretemporada, se dieron cuenta de que aquel jovenzuelo los dejaba en evidencia, y empezaron a hacerle faltas contundentes. En el minuto 35 los italianos ya habían visto tres tarjetas amarillas y dos más estaban avisados. Espoleado por esa agresividad, Messi agarraba el balón y encaraba. Era insaciable. «Demuestra, Leo, demuestra», parecía escuchar desde la grada. Figuras como Cannavaro, Del Piero o Ibrahimovic contemplaban de cerca su osadía frenética y un poco desmañada, de cachorro juguetón, y los compañeros le ayudaban ofreciéndole el balón. El público le aplaudía cada jugada, cada toque, cada intento. Messi no disparó mucho, pero en el minuto 66 dio una asistencia en profundidad a Iniesta, que empató el partido (antes Del Piero había marcado de penalti).

Fabio Capello era el entrenador de ese Juventus y más adelante explicó que en pleno partido, ante aquella avalancha de juego, fue a ver a Rijkaard y le pidió la cesión de aquel jugador. En algún momento de la segunda parte el público empezó a corear «Messi, Messi, Messi...» para premiar esa exhibición a la que solo le faltó el gol, y no creo que suceda muy a menudo que un jugador provoque

139

tanto entusiasmo desde sus primeros pasos. En el último minuto del partido, Rijkaard le premió con el cambio, y mientras salía del campo y aplaudía los aficionados celebraban el nacimiento de una estrella.

La petición de Capello tenía un trasfondo burocrático: Messi todavía no había recibido la nacionalidad española y por lo tanto no podía jugar con el primer equipo porque las plazas de extranjeros ya estaban ocupadas. Cuando le llegaron los papeles, un mes más tarde, Rijkaard le hizo debutar en la Champions, contra el Udinese, y poco a poco fue entrando en las alineaciones del equipo, a menudo como sustituto de Giuly. Unas semanas después, por ejemplo, Messi ya era titular en el Bernabéu, en ese partido de liga que el Barça ganó 0-3, con una exhibición de Ronaldinho que los aficionados del Real Madrid aplaudieron rendidos a su genio, mientras se iba apagando ese equipo de figuras como Zidane, Roberto Carlos o Ronaldo (*il fenomeno*, no CR7). Los tiempos estaban cambiando.

En aquellos meses, también, el FC Barcelona actualizó dos veces el contrato de Messi, ajustándolo a sus expectativas y considerándole jugador de pleno derecho en el primer equipo. Puede que por esta razón a veces pasen desapercibidos dos debuts más que en su momento tuvieron un peso específico. El primero fue el estreno oficial en la liga española, en octubre de 2004 en Montjuïc, contra el

Espanyol, pero el otro estreno que se recuerda fue más sonado: su primer gol con el primer equipo. El 1 de mayo de 2005 –Día del Trabajo– había partido contra el Albacete en el Camp Nou. El Barça, que estaba a dos jornadas de ganar la liga, dominaba en el marcador 1-0. A falta de cuatro minutos para el final, Messi salió en lugar de Eto'o y enseguida se vio que estaba hambriento. Ronaldinho, muy generoso, empezó a jugar para él, recogió un balón, le hizo un pase de cuchara que superaba a la defensa y Messi remató a gol con un toque suave de vaselina por encima del portero. El árbitro lo anuló por fuera de juego, aunque no lo era, pero casi mejor así, porque exactamente un minuto después Messi recibió un balón de Deco, lo abrió hacia Ronaldinho y este volvió a hacer el mismo pase de cuchara que él remató también de la misma forma, con el toque suave de vaselina. Ahora sí, este sí era válido, un gol de bandera que celebraron todos como si hubieran abierto una botella de champán que no iba a vaciarse nunca. Ahí está, pues: ese primer gol Messi tuvo que hacerlo dos veces. Así, desde el principio, desafió una de las leyes esenciales del fútbol: no hay nunca dos jugadas iguales. Pues en su reino sí.

FICCIÓN

Algunos aficionados han crecido con Leo Messi, igual que con las novelas de Harry Potter. En 1997, Messi tenía diez años y Harry Potter once, y los dos hacían ya magia. Algunos lectores, pues, se hicieron mayores al mismo tiempo que ellos, una temporada tras otra, un volumen tras otro, y con ellos también han llegado a la edad adulta. Más de uno creerá que, vista en su conjunto hasta la fecha, la trayectoria del Barça de Messi también puede ser una ficción protagonizada por un superhéroe, un niño elegido por los dioses. Después de crecer en las categorías inferiores, formando parte de una especie de Hogwarts llamado La Masia, fue superando pruebas, acompañado siempre por un grupo de amigos y un círculo de entrenadores que lo han preparado para afrontar retos cada vez más complejos.

Es importante, por supuesto, que la narración se encamine siempre hacia el final feliz. A estas alturas (enero de 2023), Messi ha disputado 41 finales como jugador y de ellas ha ganado 29. Si alguien quiere hablar de él, si quiere describir su evolución, el aprendizaje y las proezas logradas, en algún momento tendrá que fabular. A medida que uno se aleja de los hechos estrictos, de las cifras y el calendario y los récords, Messi exige un lenguaje nuevo, un discurso diferente, innovar en la narración de la misma forma que él innova con su juego.

Cuando contaba a mis amigos que estaba escribiendo estas páginas, muchos me preguntaban: «¿Le has entrevistado, te has encontrado con Messi?». La primera respuesta era que no, claro. Todos los periodistas saben que hoy en día es muy difícil conseguir una entrevista con Leo Messi. Luego añadía que me habría gustado, pero admito que lo decía sin mucha convicción. El Messi que yo conozco, el que conocemos prácticamente todos, es un Messi real que, sin querer, también se ha ido convirtiendo en una ficción poderosa. Es un Messi sentimental, emocional. Hemos sufrido con él cuando se lesionaba y le hemos abrazado mentalmente cada vez que marcaba un gol y levantaba una copa. Con nosotros lo acompaña, además, una paradoja: cuanto más planetario es su eco, cuanto más global es el fenómeno, más cerca te sientes de él y más humano te parece. Si uno vive en Barcelona, además, siempre existe la posibilidad de que se lo encuentre en un concierto de música latina, en un asador argentino o en un teatro viendo una obra de Ricardo Darín.

Del Messi de verdad, el de puertas adentro, el que está en casa con su familia, sabemos pocos detalles. A veces nos muestra imágenes en las redes sociales: la piscina donde juega con sus hijos, los sofás donde duerme la siesta acompañado de uno de sus perros, las vacaciones en un yate con su pareja, Antonella Roccuzzo y algunos amigos... Como dijo Sergi Pàmies, «Messi es un gran misterio», y llenamos ese espacio misterioso con nuestra imaginación. Por eso las posibilidades de imaginar son tan amplias y tan ignotas como todas las horas que pasa fuera de un campo de fútbol. A veces, cuando veo uno de esos vídeos borrosos de Messi a los siete años, fintando a otros niños en un potrero terroso de Rosario, pienso que podría ser el protagonista de *El show de Truman*, la película de Peter Weir: una vida filmada para que nosotros podamos admirarlo, compadecernos a veces, vivir con él. Entonces me viene a la memoria la entrega de su segundo Balón de Oro, en enero de 2011 en Zúrich, cuando fue finalista junto a Iniesta y Xavi —que el año anterior habían ganado el Mundial de Sudáfrica con la selección española—. Messi no esperaba ganar, estaba convencido de que aquella vez no le tocaba, y subió al escenario para recibir el galardón de manos de Pep Guardiola sacando la lengua y con cara de estupefacción. Superado por el momento, dio las gracias sobre todo a sus compañeros de equipo. Había sido un giro de guión inesperado, aunque todos los demás –incluidos Iniesta y Xavi– sabíamos que era lo más lógico.

Sobre el césped, en cambio, el creador Messi siempre tiene el control de lo que ocurre a su alrededor y sus posibilidades expresivas se multiplican. A veces juega con la imaginación y se saca del sombrero soluciones inesperadas, casi diría de ciencia ficción. A veces se pone posmoderno y ensaya variaciones sobre un tema ya conocido, como cuando regatea a varios jugadores, de fuera hacia dentro, en paralelo al área, hasta que encuentra el agujero: entonces el tiro sorprende al rival (¡y a nosotros!) porque puede irse a la derecha o a la izquierda, con un cañardo seco o un tiro suave como un toque de billar, buscando la escuadra o en una parábola para evitar al portero, pero siempre es gol. A veces inventa jugadas de tiralíneas, combinando con los compañeros del centro del campo, y de pronto nace una coreografía y el fútbol toma un aire armonioso y sensual –y entonces, tal como describía Joan Maria Pou, resumiendo uno de esos momentos en una de sus retransmisiones en RAC 1, el partido se vuelve «erótico-festivo, de tocarse un poco».

En este juego de espejos que es el fútbol actual, entre la proximidad y la distancia, entre el corsé de las tácticas y la libertad de los espíritus anárquicos, Messi está destinado a ser una figura intemporal. Hay todo un mundo alternativo que vive en nuestra imaginación, y él lo fecunda. Quién sabe si un día será posible, a través de los videojuegos y la realidad virtual, fabular sobre una liga en la que los jugadores traspasen los años y las tácticas de moda, y entonces podamos ver alineaciones extraordinarias, experimentos como los que intentó –en la vida real– aquel equipo de Nueva York en los años setenta, el Cosmos, cuando fichaba a figuras como Pelé, Beckenbauer, Carlos Alberto, Neeskens... Con esta perspectiva, la mente se me dispara y pienso que me habría gustado ver una selección argentina entrenada por el Marcelo Bielsa de la buena época, rodeando a Messi con los jugadores ideales para construir un juego racional y al mismo tiempo fabuloso, Ardiles y Kempes, Redondo y Bochini... O un equipo en el que Messi jugara junto a Van Basten, o pudiera combinar en el centro del campo con Sócrates y Cruyff, o bien abriera el juego hacia el lateral para Garrincha y Kubala... Repaso mentalmente estas alternativas –el pasado y el presente mezclados con el futuro– y me muero de ganas de verlas, pero a su vez un ataque de verosimilitud me hace recobrar la razón: ¿y Xavi, Iniesta, Piqué, Busquets, Alves, Mascherano, Abidal, Valdés, Puyol, Ronaldinho, Villa, Deco y tantos otros? ¿De verdad, me pregunto a mí mismo, Messi y sus amigos no nos han dado todo eso y mucho más? La imaginación al poder.

TATUAJES

La mayoría de los futbolistas no tienen el verbo fácil, eso se sabe, pero su piel se lee como un libro abierto. Otro asunto es que lo que dice sea interesante. ¿Cuándo empezó a parecer normal que los tatuajes fueran el complemento de la imagen de un futbolista? Todos los indicios apuntan a que la moda vino del Reino Unido, pero que yo sepa, mientras jugaron, ni George Best ni Paul Gascoigne –por citar a dos inconformistas– llevaban tatuaje alguno, o al menos no en una zona visible para todo el mundo. Maradona tampoco. Ni Cruyff. Y, ya que estamos, Jonah Lomu, la leyenda del rugby de Nueva Zelanda, tampoco tenía ningún tatuaje maorí cuando jugaba con los All Blacks, y eso que él sí era maorí. La mayoría de estos jugadores se tatuaron más tarde, en los años noventa, cuando los deportistas más jóvenes lo convirtieron en un accesorio que en apariencia les daba personalidad. Fue más o menos en la misma época en que las estrellas del porno empezaron a decorarse sus cuerpos, pero probablemente esa es otra historia.

Si hablamos de jugadores rebeldes, con mucha actitud dentro y fuera del campo, hay que recordar al Éric Cantona de principios de los noventa, cuando ya jugaba en el Manchester United (ese cuello alzado de la camiseta). Él era de los que tenía ya entonces un tatuaje, pero no lo mostraba: dibujado en el pecho, a la altura del corazón, llevaba la cabeza de un jefe indio tocado de plumas. Una imagen tribal, que quiere representar liderazgo, lucha y compromiso con su gente. Es posible que en algún momento aquel indio, que visto hoy en día parece un simple boceto, fuese una inspiración para David Beckham, con quien Cantona compartía vestuario. Beckham fue quien realmente inició el uso de los tatuajes como reclamo comercial y a su vez apéndice de una conexión con los aficionados. Estoy aquí, fíjate en mí.

Hay jugadores que son especialistas en crear tendencia, de modo que, de repente, todos sus compañeros de profesión se visten igual, se peinan igual, ven las mismas series de televisión. Con Beckham pasó exactamente eso, y detrás de él, casi instantáneamente, cientos de jugadores de todo el mundo se lanzaron a convertir su cuerpo en un retablo: llenaban cada centímetro de piel con cenefas, escudos, cruces religiosas, mensajes en latín, fechas en números romanos, citas de la Biblia, ideogramas chinos, dibujos de Walt Disney. Todo valía, y sobra decir que entre los alocados de primera hora hubo más de un caso de ridículo ortográfico. Por no hablar de aquellos jugadores que, llevados por la euforia, por las ganas de agradar a sus seguidores, corrieron a tatuarse el escudo del club en el que jugaban, convencidos de que no se irían nunca (y sí, al final de temporada también los traspasaban).

En el caso de Leo Messi, el interés por los tatuajes ha ido creciendo —en cantidad y calidad del diseño— a lo largo de los años, a medida que su imagen se volvía más global. Para poder describir esta evolución, la fuente más fiable, por no decir la única, es la prensa amarilla británica. Los tabloides dedican muchas páginas semanales a ilustrar a sus lectores sobre la iconografía que adorna a sus ídolos. Messi, sin embargo, suele fiarse de su tatuador personal, Roberto López, para que interprete su simbología. Así, el primer tatuaje que le hicieron era de carácter familiar: un retrato de su madre, Celia, nos observa discretamente desde su omóplato izquierdo. Tiene cara de santa, de madre abnegada.

En el brazo derecho Messi lleva una composición simbólica que podría llevar por título *Ambos mundos*. Por un lado, en la parte exterior, se reproducen algunos ornamentos de la Sagrada Familia, inspirados en el rosetón principal de la fachada del Nacimiento, que remiten a su ciudad de acogida. Los acompañan una flor de loto anaranjada —que puede crecer en cualquier lugar, según la tradición japonesa– y un reloj que señala el paso de tiempo. De fondo, un mapa que pone de relieve Europa y América del Sur, la conexión biográfica. En la parte interior del brazo, un rosario quiere recordar la ciudad que le vio nacer, Rosario de Santa Fe, así como una flor que se está abriendo y representa a su hijo mayor, Thiago. En la parte de arriba, en el hombro, busca refugio bajo la manga de la camiseta un Jesucristo de pasión, muy realista, con corona de espinas, gotas de sangre que le bajan por las sienes y unos ojos azules penetrantes. De hecho, es tan vívido que parece que el jugador expíe un agravio estético que no le corresponde: los miles de tatuajes que corren por el mundo, a menudo trazados sin mucha pericia, en la piel de sus seguidores. Un ejército de *messis* en azulgrana o albiceleste, tatuados en la espalda, los brazos, los muslos, celebrando un gol, alzando una copa, regateando a su propia sombra...

En la parte baja de la pierna derecha, que durante muchos años fue un lienzo en blanco, ahora lleva unos tatuajes de tipo informativo: se leen allí los nombres de su familia y las fechas de nacimiento: Antonella y sus tres hijos, Thiago, Mateo y Ciro.

Siguiendo en el lado izquierdo de su cuerpo, hay que contar que con el tiempo su pierna se ha convertido en un palimpsesto. Unos años antes se había hecho tatuar en la pantorrilla una reproducción a tamaño natural de las manos de su hijo Thiago cuando era un bebé, y tiempo después lo envolvió todo con un corazón alado. Por delante, completaba la escena una espada y, a ambos lados, un balón de fútbol y el número 10. En el verano de 2016, coincidiendo con un cambio emocional tras perder la final de la Copa América, Messi se tiñó el pelo de rubio platino y, tal vez para compensar, se hizo tintar de negro toda la pierna hasta debajo de la rodilla, como una media apretada que solo dejaba a la vista el balón de fútbol y su número, y realzaba por contraste las manos de su hijo. No era un negro de luto, solo quería ser más contundente y amenazador. «Vuelve hecho un guerrero maorí», anunció su tatuador.

La última novedad, por fin, es un tatuaje mucho más reservado: los labios rojos de su mujer, Antonella Roccuzzo, que representa que le dio un beso más o menos a la altura de la cintura. Lo divulgaron ambos a través de una foto en las redes sociales y, si hiciera falta interpretarlo, se diría que está de acuerdo con la evolución de Messi como personaje público, más abierto y familiar, y con un novedoso punto de picardía.

No se puede descartar que detrás haya algún asesor de imagen. Al fin y al cabo, cada vez quedan menos jugadores sin tatuajes, gente como Sergi Roberto, Ter Stegen, De Jong, Lewandowski, Pedri o, inesperadamente, Cristiano Ronaldo –aunque en este caso la decisión también se puede leer por exigencias del escaparate público: en ese cuerpo musculado, protuberante, de culturista, que luce cuando hace un gol importante y se quita la camiseta, un tatuaje sería como una mancha, un grafiti en el *David* de Miguel Ángel.

ME ACUERDO

Me acuerdo de que la escuela donde Messi empezó a jugar, a los seis años, se llamaba –y aún se llama– Malvinas Argentinas.

Me acuerdo de que Zlatan Ibrahimovic dijo en una entrevista: «Si un día me dieran el Balón de Oro, al día siguiente se lo mandaría a Leo Messi».

Me acuerdo de que en la final de la Champions de París, en 2006, que el Barça ganó contra el Arsenal, Messi no fue a recoger la medalla ni la copa con el equipo, pues estaba muy triste porque no había podido jugar (llevaba dos meses lesionado).

Me acuerdo de que, a su llegada a Barcelona en el año 2000, Messi y su padre se alojaron en la habitación 546 del Hotel Catalonia Plaza, en la plaza de España (y de que de vez en cuando algún cliente mitómano pide dormir en esa misma habitación).

155

Me acuerdo del defensa Pernía, que jugaba en el Atlético de Madrid y también era argentino: en un partido Messi lo destrozó con una finta en el centro del campo, de esas en las que solo amaga con el cuerpo, sin hacer nada, y el defensa se desequilibra tanto que le deja vía libre. Luego Messi inició una jugada directa, sorteando a tres rivales más, que terminó con un disparo al larguero. Años después Pernía contaba en la televisión que, al llegar a casa, su mujer le había preguntado: «¿Qué te ha hecho Messi?», y él había respondido: «No sé, dímelo tú que lo has visto».

Me acuerdo de que, cuando ganó el tercer Balón de Oro, Messi compartió el trofeo especialmente con su amigo Xavi, que había quedado finalista. «Vos también te lo merecés y para mí es un placer estar al lado tuyo en la cancha», le dijo.

Me acuerdo del caño tan espectacular como delicado que hizo Messi a James Milner en un partido de Champions contra el Manchester City, y me acuerdo de que Pep Guardiola –que estaba en la tribuna del Camp Nou– se frotaba la cara como si estuviera viendo visiones.

Me acuerdo de que hace tiempo oí esta historia: cuando Messi tenía seis años y jugaba con el equipo de su barrio, el entrenador regalaba a los jugadores un alfajor por cada gol que marcaban, y dos si era de cabeza. En más de una ocasión Messi regateaba al portero, llegaba ante la línea de gol y, si le daba tiempo, se detenía, levantaba el balón y remataba a gol con la cabeza para que le dieran dos alfajores.

Me acuerdo de que dos meses después de aquel gol fabuloso contra el Getafe, en el que reprodujo casi igual el gol de Maradona contra Inglaterra, Messi volvió a emular al ídolo argentino. Esta vez, contra el Espanyol, hizo un gol con la mano y todo el mundo pensó en la famosa «mano de Dios».

Me acuerdo de que, comentando el gol famoso de Messi contra el Getafe, Xavi se reía y decía que a él había que apuntarle el mérito de la asistencia.

Me acuerdo de que, aparte de la tarjeta roja que vio el día de su debut con la selección argentina, Messi solo fue expulsado en dos ocasiones más. En la Copa América 2019, también con su selección, y, por primera vez en todos sus años en el Barça, en un partido contra el Athletic Club en enero de 2021. Me acuerdo de que ese día el árbitro era Gil Manzano, el trencilla que tiene el dudoso privilegio de haber expulsado a Neymar, Suárez, Messi y Lewandowski.

Me acuerdo de cuando el Tribunal Supremo ratificó la condena a Messi de veintiún meses de prisión por fraude fiscal a Hacienda. Como la pena era menor de dos años no tendría que entrar en prisión y muchos aficionados respiramos aliviados.

Me acuerdo de que en ese gol tan trascendente de Iniesta en Stamford Bridge, en las semifinales de la Champions de 2009 contra el Chelsea, Messi le da la asistencia. Antes ha recibido el balón, ha buscado el disparo ante tres rivales –con la pierna derecha– y, como no ve ningún hueco, tiene la feliz idea de pasársela a Iniesta.

Me acuerdo de que, cuando ganó el séptimo Balón de Oro, en 2021, Messi le dijo a Lewandowski: «Creo que te merecés tu Balón de Oro, que el año pasado [en 2020, cuando no se dio el premio por la pandemia del covid] todo el mundo estaba de acuerdo en que fuiste el ganador, y que *France Football* te lo debería dar. Ojalá puedan hacerlo porque fuiste el justo ganador».

Me acuerdo de que, después de una gran noche de Messi, el diario deportivo argentino *Olé* cambió el diseño de su cabecera y por un día se llamó *Leo*.

Me acuerdo del *otro* Lionel Messi, un chico camerunés que juega de central en el AS Portet, en la segunda división regional francesa. Cuando firmó el contrato, la prensa local no pudo evitar el titular: «¡Messi ficha por el Portet!».

Me acuerdo de ese niño de Afganistán –de nombre Murtaza– que se había fabricado una camiseta de la selección argentina con una bolsa de plástico y pintando en la espalda un 10 y el nombre de Messi con bolígrafo. Tiempo después le invitaron al Camp Nou para un partido amistoso con el Al-Ahli y Messi le regaló una camiseta de verdad. Y me acuerdo de que cuatro años más tarde, durante la vuelta de los talibanes al poder en Afganistán, Murtaza pedía desde Kabul que alguien ayudara a su familia a salir del país.

Me acuerdo de que ese gran jugador de baloncesto que es Stephen Curry, antes de un duelo importante entre sus Warriors y los Blazers, apelaba a la mentalidad de Leo Messi para ganar el partido.

Me acuerdo de que a Messi le gusta mucho dormir.

Me acuerdo de que a lo largo de su carrera Messi ha marcado un *repóquer* –cinco goles en el mismo partido– en dos ocasiones. La primera fue cuando tenía veinticuatro años, en un partido del Barça ante el Bayer Leverkusen, ganando 7-1. La segunda fue a los treinta y cinco años, en un partido amistoso de Argentina ante Estonia: ganaron 5-0 y él consiguió todos los goles.

Me acuerdo de que en una entrevista Messi contaba que no soporta que le cambien durante un partido. Decía que, si tiene que jugar menos, prefiere quedarse en el banquillo y salir en la segunda parte, aunque sean solo treinta minutos. «Muchos partidos se definen al final», decía, «se encuentran más espacios y la gente está más cansada. Se disfruta más de los últimos minutos que de los primeros.»

Me acuerdo de que Messi aún no ha conseguido nunca un gol directo de esquina, también llamado «gol olímpico», en partido oficial. Lo ha intentado varias veces, pero el palo o el portero siempre lo evitan. En los entrenamientos, en cambio, lo ha conseguido en más de una ocasión.

Me acuerdo de cuando una joyería de Tokio hizo una réplica en oro macizo del pie izquierdo de Messi. La pieza pesaba 25 kilos y lo vendieron por cinco millones de dólares, en una subasta, para recaudar fondos para los damnificados del terremoto y tsunami de Fukushima.

Me acuerdo de que en las celebraciones del triplete de 2009, con desfile incluido por las calles de

Barcelona, los jugadores bebieron mucha cerveza. En el Camp Nou, un Messi con barretina, desatado, que llevaba un pedo, agarró el micrófono y prometió que al año siguiente lo ganarían todo. Guardiola se llevaba las manos a la cabeza.

Me acuerdo de cuando Messi dijo que no renovaría su contrato con el Barça y todo eran dudas, y yo pensaba en el Manchester City y Pep Guardiola y Txiki Begiristain y Ferran Soriano, y estaba convencido de que un día se iría de verdad con ellos, como un rey que huye al exilio. Pero luego también me acuerdo de todas las ocasiones en que Guardiola manifestó que el destino de Messi era jugar toda su carrera en el FC Barcelona.

Me acuerdo de haber leído que a veces, cuando están en casa con la familia, su hijo Thiago no le llama «papá», sino «Messi».

Me acuerdo del actor Ricardo Darín contando que un día Messi le hizo de taxista. Cruzaba la calle Aragón de Barcelona y un coche tocó el claxon. Darín se acercó, vio que era Messi y el futbolista se ofreció para llevarlo al hotel donde se hospedaba.

Me acuerdo de que en la entrevista en la que anunció que finalmente se quedaría en el Barça hasta el 30 de junio de 2021 –quizá la entrevista más importante de su vida, y que tuvo lugar en su casa—, Messi vestía pantalón corto y chancletas.

Me acuerdo de que en Irán detuvieron a un hombre, de gran parecido físico con Messi, que se vestía con la camiseta del Barça y, haciéndose pasar por él, llegó a seducir a veintitrés mujeres.

Me acuerdo de una de las primeras imágenes de Messi jugando con el Paris Saint-Germain, precisamente en un partido de Champions ante el Manchester City: Messi tumbado en el suelo, tras la barrera, en una falta en contra. Pensé que aquello era humillante y que los franceses no sabían a quién tenían en su equipo, y también que al final, cambiando de club, Messi había sido víctima de la nueva estrategia para las faltas que él mismo había provocado con su genio.

Me acuerdo del anuncio que hizo la cerveza argentina Quilmes justo antes del Mundial de Qatar, buscando coincidencias entre esa cita y el Mundial de 1986 que ganaron con Maradona. Vuelvo a ver el anuncio. La final de México se jugó a las 12 del mediodía, y en Qatar también. Canadá se había clasificado en el 86 y también en Qatar. En ambas finales, la posición astrológica de Júpiter se encontraba en Piscis. Tras ver una serie de coincidencias, un chico decía: «En el 86 teníamos al mejor del mundo», señalando el cielo, y una chica le recordaba: «¡Ahora también!». Y al final el eslogan que quería unir a todos los argentinos bebedores de cerveza: «Para el que necesita coincidencias, hay coincidencias. Para el que necesita equipo, hay equipo».

Me acuerdo de que en la tanda de penaltis contra Países Bajos, en cuartos de final de Qatar, cuando Lautaro Martínez marca el penalti definitivo, todo el equipo de Argentina corrió a abrazarle a un extremo del campo, pero Messi se fue hacia el otro extremo para abrazar y felicitar a un solitario Dibu Martínez, auténtico protagonista de la victoria porque había detenido dos penaltis.

Me acuerdo de la muerte de Tito Vilanova, en abril de 2014, y de la tristeza de los jugadores y su llanto en el funeral. Poco después se supo que Messi había ido a verlo unos días antes de morir y Tito lo convenció para que se quedara en el Barça.

CUATRO MUNDIALES, O CINCO

A lo largo de cuatro años, tras la nueva decepción del Mundial de Rusia, muchos seguidores de Messi –argentinos o no– quisimos engañarnos con una pregunta llena de buenas intenciones: ¿será Qatar el lugar de la gloria máxima?, ¿veremos cómo la Pulga levanta la copa en aquel oasis en medio del desierto? Esta especie de religión laica que es el *messianismo* nos ha hecho incorregibles. Hasta ese momento, los hechos nos demostraban que la trayectoria de Messi con la selección de Argentina había sido con demasiada frecuencia una historia de ansiedad y frustración. Él es, desde hace tiempo y con diferencia, el máximo goleador del equipo nacional, y sin embargo, visto en conjunto, el recuerdo de todos los partidos que juega con la albiceleste es más bien agridulce. Desde 1986, cuando Argentina se llevó el Mundial en México, todos los jugadores argentinos quieren ser Maradona, pero ¿qué sucede cuando de alguna forma

165

todo el mundo cree que ya lo has conseguido a los diecinueve años?

Lo que sucede es que, en Argentina, con el tiempo, las ilusiones exageradas ante aquella joven promesa que venía de Barcelona se volvieron decepciones aún más exageradas, y además redobladas por las voces que marcan la opinión deportiva en el país –empezando por el propio Diego Maradona cuando comentaba partidos en la tele–. He aquí, por ejemplo, un artículo del escritor Martín Caparrós publicado en 2011 en la revista colombiana *SoHo*, en medio de una de esas temporadas de desprestigio, cíclicas, que suelen tener un aire de ejercicio de psicoanálisis nacional. En una «Diatriba contra Messi», entre la ironía y el flagelo, Caparrós le reprochaba que fuese tan buen chico, y que para ser argentino de verdad debía ser más tirano, más entregado a la mala vida. Poco antes de la Copa América, la prensa amarilla había publicado algunas informaciones sobre las juergas de Messi en un piso de lujo en Buenos Aires, un toque extravagante en su imagen ordenada y púdica, y Caparrós veía en ello una chispa de optimismo. Al mismo tiempo escribía:

> [Messi] dejó la patria para dejar de ser un enano, su única posibilidad de crecer fue la fuga, y aun así su corazón es tan generoso –tan aburrido– que sigue tratando de ser un argentino.

166

Él intenta serlo, tres mil millones afirman que lo es; solo sus supuestos compatriotas lo dudamos. Sigue sin despertarnos cariño, cercanía: Messi es un tipo de por allá lejos que hace piruetas increíbles con una pelota y que, por suerte, en los mundiales nos toca a nosotros. Lo cual, por supuesto, nos da orgullo –los argentinos tenemos el orgullo fácil, casi tan fácil como la queja plañidera–, pero un poco impostado: como si temiéramos que, en cualquier momento, se descubriese la engañifa.

Debe de ser muy difícil abstraerse de todo ese ruido mediático que, además, a menudo llega cargado de sentimentalismo y nostalgia (ay, los argentinos). No bastaba con que Messi hubiera mantenido intacto el acento de Rosario, ni que viviera en Barcelona en una especie de burbuja rosarina. Siempre había alguien que le acusaba de no cantar el himno antes de empezar un partido con su selección, de no sentir los colores, de no comprometerse lo suficiente.

Desde Europa, y sobre todo desde Barcelona, esta actitud cainita no se entendía, y a menudo nos daba la impresión de que en realidad no le conocían lo suficiente. Que no lo habían visto tanto como nosotros. Como si, desde la distancia, les fuera imposible seguir el día a día del jugador y valorar su carácter extraordinario, esa excelencia continuada a unos niveles que ningún otro futbolista ha ofrecido jamás. No parecía tampoco que los argentinos tuvieran la fe ciega de los barcelonistas, adquirida después de tantos años de verle jugar: esa sensación de que, mientras Messi esté en el campo, seguramente ganaremos. Ya me perdonarán la arrogancia, pero es muy probable que yo le haya visto jugar más partidos –yo, que solo me pierdo uno o dos por temporada como mucho– que la mayoría de los aficionados argentinos, aunque en esta época de globalización la distancia y los horarios ya no son una excusa.

Esta desconfianza mantenida pese a todas las evidencias, que acarrea un cierto desdén hacia los futbolistas que se marchan al extranjero, a menudo ha ido acompañada de una falta de planificación por parte de la Asociación del Fútbol Argentino. No había forma de que acertaran con el entrenador que supiera aprovechar la trascendencia de Messi. ¿Qué hacer? ¿Construir un equipo a su alrededor? ¿Darle todo el poder? ¿Tratarlo como a uno más, sin preferencias? Algunos intentaban ponerle al lado un Xavi, un Iniesta, un Busquets, pero no entendían que de lo que se trata es de una filosofía del fútbol. Jorge Sampaoli, el penúltimo seleccionador que *probó suerte*, lo resumió así: «Tenemos que estar a la altura de Messi».

(Bueno, pues en Rusia no lo estuvieron, pero este capítulo llegará en un rato.)

168

Todos los seleccionadores trataban de conseguir las condiciones ideales, pero a lo mejor resultaba que estas condiciones tenían que llegar del exterior, eran ambientales, y como consecuencia Messi respondería a ellas. No creo que fuera casualidad que en el verano de 2016, después de perder la final de la Copa América contra Chile (y después de fallar un penalti en la tanda final), Messi buscara un cambio de imagen. La misma noche de la final, aún en caliente, al responder a las preguntas de un periodista televisivo anunció de pronto que dejaba la selección. «Parece que no es para mí. Lamentablemente lo busqué, era lo que más deseaba, y no se me dio. Ya está», dijo en un tono serio y convencido. Un mes y medio después, sin embargo, emitió un comunicado explicando que daba marcha atrás. «Amo demasiado a mi país y a esta camiseta», decía, y Argentina respiró aliviada. Al mismo tiempo, Messi se había teñido el pelo de color rubio platino, y al cabo de unas semanas se hizo un nuevo tatuaje negro como la noche en la pierna izquierda, con la que chuta mejor.

Luego la realidad no acabó de confirmar los buenos presagios, al menos en los partidos de la selección, y la fase de clasificación para el Mundial fue un vía crucis que no pudo resolver hasta prácticamente la última jornada. De hecho, el desenlace de esos últimos partidos es un buen ejemplo del nivel de esquizofrenia que Messi puede provocar en los periodistas y medios de su país. En septiembre, tras un empate in extremis que los mantenía vivos, se podía leer en el diario *Olé*: «Messi sufre y nosotros también», y continuaba: «No hay forma de encontrar una mirada positiva. Argentina penó para empatar con Venezuela. No hay juego ni reacción. Messi ya no fue Messi». La selección estaba al borde del precipicio y se lo jugaba todo a un solo partido en Quito, a casi tres mil metros de altitud, contra Ecuador. Llegó el día y ganaron (1-3), con un *hat-trick* espectacular de Leo Messi, y el mismo diario *Olé* titulaba a toda página: «Messi es argentino», y en el interior: «A la altura de Dios».

Esa noche, cuando se vieron clasificados, Jorge Sampaoli dejó una frase que hizo fortuna: «El fútbol le debe un Mundial a Messi». Unas semanas más tarde el propio jugador lo reafirmó en una entrevista en el diario *Clarín*: «Espero que el fútbol me pague lo que me debe».

Lo cierto es que la frase sonaba a ultimátum. O quizá era el clamor de alguien que sabe que no tendrá muchas oportunidades más. Habitualmente, la vida profesional de un futbolista de élite le permite participar en cuatro mundiales de fútbol. Un lapso de dieciséis años. Solo hay tres jugadores en la historia que hayan llegado a jugar cinco: el alemán Lothar Matthäus, el mexicano Antonio Carbajal y, contando el Mundial de Rusia, el también mexicano Rafael Márquez. En Argentina, el único futbolista que había llegado a jugar como máximo cuatro mundiales era Diego Armando Maradona, y el último —el de 1994 en Estados Unidos— terminó como el rosario de la aurora, con ese segundo dopaje que en la práctica significó su adiós al fútbol. La cantera de jugadores argentinos es tan amplia que cada cuatro años parece que haya que renovar al equipo de arriba abajo, y son pocos los que sobreviven de un Mundial al siguiente. Puede que esta falta de continuidad sea también culpa de la presión mediática y social, y por eso todavía tiene más mérito que en Rusia 2018 dos viejos conocidos llegaran a las cuatro participaciones: Javier Mascherano y Leo Messi.

Si nos fijamos, antes de aquel Mundial la evolución ascendente de Messi le situaba entre los favoritos (a él individualmente más que a su selección). En 2006, su primer Mundial, el número 10 era para Riquelme; Messi solo jugó varios ratos y metió un único gol. Alemania los eliminó en cuartos de final. El Mundial de 2010 en Sudáfrica, cuando el seleccionador era precisamente Maradona, Messi ya mandaba con el 10 en la espalda y jugó todos los partidos, pero nunca se sintió cómodo y pasó sin pena ni gloria —y, algo increíble en él, sin marcar ningún gol—. Alemania, una vez más, los eliminó en cuartos de final. En Brasil 2014, Messi y los suyos estaban entre los favoritos y se acercaron más que nunca a la victoria: fueron avanzando con paso seguro, él dejó cuatro goles, pero perdieron la final. ¿Contra quién? Sí, contra Alemania.

Quedaba claro, pues, que la bestia negra de los argentinos en Rusia era el rodillo alemán. A poder ser, había que evitarlos en cuartos de final. Por eso, cuando la campeona Alemania quedó eliminada en la primera fase, los argentinos respiraron. El camino se allanaba. Pero el problema era que hasta entonces el juego en torno a Messi tampoco acababa de combinar bien. Cosecharon un empate con Islandia, una derrota grave contra Croacia y, después, una victoria al límite contra Nigeria que les clasificaba para los octavos de final. Además, con un gol de Messi espectacular, que reunía todas sus cualidades de control, orientación y rapidez, y que para bien o para mal les situaba de nuevo en la línea de los iluminados, de aquellos que –como yo– pensábamos que Argentina podía ganar el Mundial solo «porque Messi lo merecía».

Unos días antes, en un artículo en el digital de la *New York Review of Books*, el escritor argentino Gabriel Pasquini describía el estado de excitación máxima en el que viven sus compatriotas en época de Mundial y encontraba una explicación en la historia. Resumiéndolo esquemáticamente: en la época gloriosa que va de 1880 a 1930, Buenos Aires era la París del Sur y Argentina la décima potencia económica del mundo. Entonces llegó la crisis devastadora de los años treinta y el país ya no se rehízo nunca, hasta el punto de que la sociedad sigue esperando siempre a alguien, un héroe, que los rescate y los devuelva a esa época dorada. De ahí que, según Pasquini, en las cuestiones nacionales se viva siempre entre «el fatalismo y el pensamiento mágico». Hubo una época en la que ese papel de héroe recayó en Maradona y ahora, ese *alguien*, ese héroe, debía ser Leo Messi.

De hecho, incluso podríamos decir que con su juego Messi encarna a menudo el pensamiento mágico, la esperanza construida desde la emoción y la pasión irracional. Pero por la misma razón, él también puede personificar el fatalismo de todo un país mejor que nadie. Tampoco creo que ayudara para nada en Rusia la presencia en la grada de Diego Maradona –él, una vez más–, hinchado, vocinglero y aturdido como un Elvis en plena decadencia, casi como un aviso de la muerte que le sobrevendría dos años más tarde. Cuando Alemania perdía contra México, la televisión no nos enfocaba a Matthäus fumando un puro habano con gesto matón, y cuando Brasil quedaba eliminada contra Bélgica, tampoco veíamos a Pelé en el palco de lujo, gritando y gesticulando: «¡Huevos, huevos!». Y en cambio allí estaba el Diego envejecido, recordando a los argentinos que una vez él sí les dio la gloria, y que eso tiene un precio.

Huelga decir que gran parte de la prensa volvió enseguida a su talante ciclotímico, analizando y diseccionando los errores de Sampaoli y sus jugadores. En pleno clima de decepción por la eliminación en Rusia, Mascherano anunció que se retiraba de la selección y por un momento temimos que Messi hiciera lo mismo. Pero él solo tenía treinta y un años y estaba claro que todavía le quedaba otro intento: Qatar.

Ese mismo verano, la AFA hizo público el nombre de un nuevo seleccionador en carácter de interinidad: Lionel Scaloni, que venía de entrenar a la sub-20, y sin saberlo estaban empezando a poner los cimientos del mayor éxito. Tras varios partidos amistosos buenos, le confirmaron en el cargo de cara a una cita importante: la Copa América que debía celebrarse en verano de 2019 en Brasil. Allí, una vez más, la selección de Argentina quedó eliminada, al perder en semifinales (2-0) precisamente ante la selección anfitriona, pero pese al disgusto dio la sensación de que por primera vez en mucho tiempo había un equipo en torno a Messi que podía tener futuro. Jugadores nuevos como Acuña, Lo Celso, Lautaro, De Paul o Foyth mostraron una madurez futbolística notable, al tiempo que Messi jugó liberado del papel de salvador que siempre se le reclamaba. Además, su liderazgo se confirmó fuera del campo, con una serie de declaraciones polémicas que apuntaban a la parcialidad de los árbitros contra Argentina a lo largo del campeonato. Por primera vez vimos a un Messi más enrabietado que compungido tras una derrota sangrante.

Este impulso de renovación se vio confirmado en el extraño verano de 2021, el año de la pandemia y los partidos sin público en los estadios, con la victoria de Argentina –por fin, por fin– en la Copa América. Scaloni supo sacar lo mejor de esta nueva generación de jugadores, combinándola con veteranos como Otamendi, Di María o el propio Messi. No se puede decir que la albiceleste desplegara un juego muy brillante, pero supieron ser prácticos y un 1-0 les bastó para llevarse la final contra Brasil. En las portadas de aquellos días, el diario *Olé* canalizó la alegría con titulares como «Maracanazo», «Todos somos Messi» o «Para toda la vida». En el estallido se intuía también el alivio después de tantos años de tensiones, desilusiones y críticas despiadadas.

Desde la perspectiva actual, parece que todo aquello era un ensayo general y una especie de exorcismo colectivo para ganar fe y convicción ante la cita de Qatar. Claro que cuando Messi levantaba la copa en Río de Janeiro con una felicidad recién estrenada, que le compensaba de una temporada con el Barça mediocre y llena de incertidumbres, por nada del mundo podía imaginarse que veinticinco días más tarde se vería obligado a dejar el club de su vida.

DIARIO DE QATAR

15 de noviembre de 2022

Messi llegó ayer a Abu Dabi para sumarse a la selección argentina. Este es un Mundial atípico por muchas razones: se juega en diciembre, en un país sin tradición futbolística y los equipos no han tenido mucho tiempo para concentrarse, entrenar y convivir. Hace dos días Messi estaba jugando un partido de liga con el PSG y mañana tiene un amistoso contra Emiratos Árabes. En la rueda de prensa previa, un periodista argentino hipermotivado pregunta a Scaloni contra quién le gustaría jugar la final del Mundial. El entrenador, sensato, le dice que esa pregunta no le interesa.

16 de noviembre

Amistoso contra Emiratos Árabes, que sirve como preparación para el primer partido del Mundial contra Arabia Saudí. Argentina gana 5-0, Messi juega a un ritmo bajo, y sin embargo mete uno de los goles. El de hoy era un encuentro pensado sobre todo para cerrar filas, para que los jugadores se reconozcan de nuevo, se abracen. Golear al rival, aunque sea un esparrin fácil, es también una forma de motivarse.

De madrugada, el equipo se traslada a Qatar.

17 de noviembre

La selección ha llegado a Doha. Estarán concentrados y entrenarán en la Universidad de Qatar, adaptada para acogerlos y con unas instalaciones deportivas de primer nivel. Uno de los directivos de la AFA ha explicado por qué eligieron este sitio: «No solo porque tiene unas instalaciones excelentes, también hay un espacio al aire libre para hacer asados. Esto es muy importante para los jugadores y para los argentinos por lo general, es parte de nuestra cultura».

El asado: el equipo de mantenimiento ha traído 2.600 kilos de carne de vacuno, certificada halal, cuatro parrillas y un maestro del fuego que cocinará.

En el reparto de las habitaciones, Messi dormirá en la B-201. En los viajes con la selección solía compartirla con el Kun Agüero, pero ahora que su amigo se ha visto forzado a retirarse por problemas cardíacos, el capitán dormirá solo.

19 de noviembre

Mañana es la inauguración del Mundial y Argentina vive recluida en su bunker, ajena al ruido de fondo global que provoca la cita.

Estas últimas semanas han sido frecuentes las críticas a la FIFA por su decisión de otorgar la competición a Qatar. Se blanquea así un Estado clasista, donde los derechos humanos no están garantizados, la vida de las mujeres se rige por la sharia y el colectivo LGTBIQ+ carece de derechos y es perseguido, entre otros abusos antidemocráticos.

Llevados por la pasión por el fútbol, los deportistas, periodistas y aficionados que seguimos el Mundial estamos practicando un gran ejercicio de hipocresía, al tiempo que intentamos limpiarnos la conciencia denunciando todos estos problemas. Es un no pero sí, digamos, con un ojo se critica la corrupción y la falta de libertades mientras con el otro se sigue el juego. Sin embargo, hay varios niveles de implicación, y en lo alto, haciendo una exhibición de cinismo, está el presidente de la FIFA Gianni Infantino, que en la rueda de prensa de hoy ha soltado un discurso que daba vergüenza ajena. Además de decir que el Mundial ha ayudado a llevar el progreso a Qatar, y que Europa se rige por una doble moral y debería pedir perdón en lugar de dar lecciones, espetó: «Tengo unos sentimientos muy fuertes. Hoy me siento catarí, hoy me siento árabe, hoy me siento africano, hoy me siento gay, hoy me siento discapacitado, hoy me siento un trabajador migrante».

Hace meses que el diario británico *The Guardian* publicó que en los últimos diez años, desde que se conoció la elección de Qatar como sede, en el país han muerto más de 6.500 trabajadores migrantes de países como India, Pakistán, Nepal, Bangladesh o Sri Lanka, muchos de ellos en obras relacionadas con la construcción de los estadios. Además, los miles de migrantes que trabajan en el país viven en condiciones lamentables, con el pasaporte incautado y circunstancias laborales extremas.

Por la tarde, los futbolistas de Argentina han ido a la piscina a nadar y hacer una sesión de hidroterapia.

20 de noviembre

Hoy se ha inaugurado el campeonato de Qatar. La ceremonia ha estado cargada de lujo, con una estética de parque temático infantil cuando recordaba a todas las mascotas de los mundiales –¡el Naranjito español!–, con actuaciones musicales, desfile de banderas y seguidores de las selecciones participantes, parlamentos, fuegos artificiales y toda la parafernalia típica de este tipo de actos. Se tenía la sensación de vivir un espectáculo *fake*, a imitación de otras citas similares.

22 de noviembre

Hoy empezaba el Mundial en serio. Argentina ha debutado contra Arabia Saudí y lo que tenía que ser un partido plácido se ha convertido en una pesadilla. Derrota inesperada por 2-1, y eso que a los diez minutos Messi ya ha marcado su primer gol en este Mundial. De penalti riguroso, por no decir imaginativo, pero también vale. Después Argentina ha anotado otros tres goles, pero el VAR los ha anulado todos por fuera de juego. Quizá porque se dieron cuenta de que no les costaba atacar y acercarse a la portería, los de Messi se relajaron pensando que ya llegaría el gol, y entonces, en la segunda parte, en dos estocadas espléndidas los saudíes dieron la vuelta al marcador. A partir de ahí, los argentinos no dejaron de echar balones a la olla y poner toda la carne en el asador, pero nada.

Al final, derrota y cara de incrédulos. De repente, todo el entusiasmo previo se había desvanecido y dominaba la sensación de empezar de cero. Además, llevaban una racha de 36 partidos sin perder, desde el verano de 2019, y ha tenido que terminar precisamente hoy. El titular del diario *Olé* invitaba a frotarse los ojos: «De no creer».

26 de noviembre

Segundo partido de la fase de clasificación, esta vez frente a México. Scaloni ha sacudido al equipo con cinco cambios. Los mexicanos tienen un entrenador argentino de viejo recuerdo para los barcelonistas, el Tata Martino. El trabajo es el trabajo, pero habría sido una traición mayúscula guiar a México al triunfo. No fue así y al final los argentinos se impusieron por 2-0.

En la primera parte no ha pasado casi nada, pero tras el descanso los de la albiceleste se han animado, han empezado a mover el balón con paciencia, y en una jugada de conjunto Messi –quién, si no– se ha sacado un disparo de fuera del área y ha marcado un gol. Miles de comentaristas deportivos habrán dicho a la vez: «Messi ha abierto la lata». Un poco después, Enzo Fernández ha perfilado un disparo desde fuera del área, de hermosa parábola, y tras el 2-0 ya no ha habido más historia. Millones de aficionados han respirado tranquilos: todo vuelve a estar en su sitio.

Más de una vez he pensado que me gustaría ver un partido comentado por Les Luthiers, y creo que una buena alternativa es leer los juegos de palabras y ditirambos del diario *Olé*. Bajo una foto de los jugadores abrazándose, el titular de hoy: «¡*Dos* mío!», y el subtítulo: «Un colosal desahogo e ilusiones renovadas en Qatar».

30 de noviembre

Último partido de la fase de clasificación, esta vez contra Polonia. Ahora sí llega la hora de la verdad. Las combinaciones de los diversos resultados en el grupo A hacen que, si Argentina perdiera, quedaría eliminada.

El encuentro se diría de entrada muy igualado, porque Polonia tiene una defensa muy segura y por delante un rematador que conocemos bien, Lewandowski. Pero cuando empieza a rodar el balón, enseguida se ve que hoy el campo irá cuesta abajo para los argentinos. Han dejado la ansiedad en el vestuario y en los primeros compases ya vemos a Messi caminando, deambulando por el campo con parsimonia, sin nervios. Poco a poco va tomando ritmo, el equipo empieza a tener oportunidades bastante claras, y por eso parece innecesario que el árbitro, a instancias del VAR, pite un penalti a favor de Argentina por una jugada en la que el portero le toca la cara a Messi sin intención aparente. A veces los árbitros también tienen imaginación. Sea como fuere, Messi chuta el penalti y lo falla. Su talón de Aquiles le ha vuelto a doler. Es el minuto 35 y este mal trago podría crear el desconcierto, pero no. El estilo defensivo de Polonia les invita a seguir atacando sin pausa. Media parte y nada más reanudarse el partido Mac Allister engancha un balón centrado y con un disparo blando consigue el primer gol. El guión de la película sigue sin grandes misterios ni sustos, y tras una buena jugada colectiva, con actuación memorable de los secundarios, el joven Julián Álvarez marca el 2-0, que se intuye ya definitivo. ¿Se intuye? Sí, porque no parece que Polonia pueda deshacerse del papel de comparsa. De hecho, los polacos sabían que, si no les marcaban ningún gol ni les enseñaban tarjetas, también se clasificarían, y han jugado a ser invisibles para que los minutos pasaran sin sobresaltos. Al final del partido, todos contentos, y una imagen para el recuerdo: Messi hablando con Lewandowski en el centro del campo. ¿Qué se dirían? «¿Me das tu camiseta, Leo?», o «Qué lástima que ya no juegues en el Barça, seríamos un dúo fantástico».

3 de diciembre

Llega la hora del cara o cruz. Partido de octavos de final contra Australia. Estos días, para llenar el tiempo de espera entre entrenamientos, asados y comentarios sobre jugadores lesionados –hoy Di María será baja–, la prensa ha celebrado que Alemania no se haya clasificado, es decir, uno de los verdugos habituales de Argentina ya está de vuelta a casa. Poco a poco, pues, el camino se va allanando.

El juego se ha iniciado con una tímida Argentina, se la ve indecisa porque enfrente tiene un equipo que ha estudiado la lección defensiva de los rivales anteriores. Pasan los minutos y de repente, en el 36, Messi –quién, si no– combina en una de esas jugadas que le hemos visto tantas veces con el Barça: conduce en diagonal hacia dentro, la pasa, recibe de un compañero que hace de pívot y se inventa un disparo colocado que pasa entre una selva de piernas para meterse justo donde el portero nunca podría llegar. Es el 1-0. En la segunda parte, un error del guardameta de Australia permite que Julián Álvarez haga el 2-0, y de repente se abre el cielo y el partido parece sentenciado. Pero resulta que no: a quince minutos del final, un disparo lejano con un rebote entra en la portería y Australia se apunta el 2-1. En un momento es como si Argentina cogiera el mal de San Vito, se oliera el drama, y Australia empieza a presionar y atacar, y el partido avanza como a cámara lenta. Es un final agónico, que nos hace revivir fantasmas del pasado, pero los náufragos llegan a la playa victoriosos. «Gracias mil», titula *Olé* al día siguiente. Ya están en cuartos de final y el rival será Países Bajos.

6 de diciembre

Mientras esperamos que llegue la eliminatoria de cuartos del final, las horas pasan lentas. En una rueda de prensa, el seleccionador Scaloni pedía a sus aficionados que tuvieran en cuenta los problemas económicos y sociales que vive su país y trataran de desdramatizar el fútbol. «Parezco un filósofo y no quiero», decía, y recordaba: «Pase lo que pase, mañana saldrá el sol». Tiene razón, pero es que estamos en ese punto en que la competición se pone seria, y lo sabemos precisamente porque se juegan el futuro contra la selección de Países Bajos. Siempre es un aviso de que van a pasar cosas importantes. Hasta ahora ambos equipos han coincidido cinco veces en la historia de los mundiales y en el imaginario colectivo de los argentinos está el recuerdo de la final que les ganaron en 1978, con prórroga incluida, y la semifinal que se llevaron por penaltis en Brasil en 2014. Pero también les inquieta la derrota y eliminación en Francia en 1998. Son viejos conocidos, pues, y además hay tensiones no resueltas.

9 de diciembre

Cuartos de final. Con toda esa carga previa, el partido comienza muy democrático, con tolerancia y respeto por ambas partes, sobre todo en el centro del campo. Ahora tú, ahora yo. A pesar de la igualdad, Argentina parece tener más ganas de marcar, aunque sea por instinto, y se diría que a la Naranja Mecánica le falta alguna pieza del engranaje. En el minuto 35, Messi —quién, si no— se saca del sombrero un pase imposible, filtrándolo para que Nahuel Molina remate a gol. El neerlandés Aké, encargado del marcaje del 10 del Barça (ay, quiero decir de Argentina) no sabe por dónde le ha pasado el balón, parece un truco de efectos especiales.

Los neerlandeses han quedado como aturdidos. En la segunda parte, los argentinos, que rondaban a menudo el área buscando el gol de la supuesta tranquilidad, se han encontrado un penalti a favor en el minuto 70, esta vez clarísimo. Messi –quién, si no– lo ha metido, de modo que con el 2-0 solo quedaban diez minutos de placidez y control. Entonces han coincidido dos hechos relevantes: uno es que, como vimos contra Australia, parece que a Argentina le guste complicarse la vida, como si así tuviera más mérito ganar, o quizá por su flirteo habitual con el drama. El otro es que en el minuto 78 Van Gaal ha hecho un cambio a la desesperada y ha salido a jugar Weghorst, un delantero larguirucho y alocado, y a los dos minutos un remate suyo es gol. Es el 2-1; de pronto el partido está vivo y además se vuelve loco. Los argentinos son víctimas del estupor y los temblores, no reaccionan, y los holandeses van a por todas. Hay discusiones, peleas entre rivales al límite, y como el árbitro –ni más ni menos que el español Mateu Lahoz– está en su salsa, decide alargar el partido con diez minutos de descuento. Es como echar gasolina al fuego. Los argentinos se defienden como pueden y en el último suspiro, cuando ya se ha cumplido el tiempo, el árbitro arbitrario señala una falta peligrosa a favor de los holandeses. Es su última oportunidad, y entonces, cuando nadie se lo espera, chutan la falta con una extraña maniobra, genial: un lanzamiento corto y por abajo, que recibe un hombre de la barrera, se da la vuelta y remata a gol. Sí, otra vez el inquieto Weghorst. Es también uno de los grandes momentos del Mundial de Qatar, un flash creativo que pasará a la historia. Empate a dos y prórroga, señores.

En estos treinta minutos extras, es como si ambos equipos se hubieran puesto de acuerdo para repetir el guión en la primera parte: dominio de Argentina, más atrevida y entera, que se acerca al área y lleva peligro. Alrededor de Messi, sus compañeros parecen haber crecido y juegan con seguridad, pero no marcan, y los aficionados se estremecen, temen lo peor. Algunos rezan al dios de turno, probablemente a Maradona. Hay ocasiones claras, incluso un balón al palo cuando el guardameta estaba vencido, pero no aciertan y se llega al final con empate a dos. Miles de comentaristas deportivos dicen a la vez: «Es la lotería de los penaltis». Sin embargo, resulta que quien ha comprado más números es el Dibu Martínez, el portero argentino, que tiene todo un repertorio de chanzas y trucos para descentrar los lanzadores rivales. Con su actuación decisiva detiene los dos primeros disparos y Argentina se clasifica para las semifinales. Han ganado por fútbol y carácter.

No sabemos qué se dicen los jugadores en el campo durante la prórroga, ni mientras esperan que se lance la tanda de penaltis, pero el lenguaje corporal de todos ellos indica una gran tirantez y nerviosismo, un intercambio de burlas y de insultos que dejan una serie de imágenes lamentables. Poco después, en los vestuarios, un periodista argentino está entrevistando a Messi. A pesar de la victoria in extremis, nuestro jugador no sonríe, la adrenalina todavía no le ha bajado, y a su alrededor los jugadores de uno y otro equipo se provocan desde la distancia, utilizando las lenguas que más o menos conocen o el lenguaje universal de los gestos. De repente, Messi ve que ahí cerca está el belicoso Weghorst, que con sus dos goles de última hora les ha acercado demasiado al precipicio, y Leo saca la rabia y le suelta: «¡Qué mirás, bobo! ¡Qué mirás, bobo! Andá p'allá, bobo, andá p'allá». El periodista tiene que decirle: «Tranquilo, Leo». De golpe hemos visto a un Messi que volvía al potrero donde jugaba de pequeño, en los veranos de Rosario, con el fútbol de élite ahora convertido en una pelea callejera. Ni que decir tiene que las imágenes se han hecho virales.

11 de diciembre

A dos días de la semifinal contra Croacia. Con treinta y cinco años, Messi sabe que este es muy probablemente su último baile en un Mundial. Él es el *primus inter pares* del equipo, el primero entre iguales. En este rol ha sido el gran jugador de siempre, decisivo y a su vez más argentino que nunca, es decir, más guerrero. Todos juntos han logrado transformar la vieja ansiedad en una convicción épica que reafirma su personalidad colectiva. Más que jugar contra los rivales, parece que Argentina juegue contra el mundo entero.

Está la épica, pues, pero también está la lírica que los acompaña. A estas alturas no queda nadie en Qatar que no sepa cantar la tonada repetitiva y pegajosa de la canción que La Mosca ha grabado para este Mundial:

> Muchachos,
> ahora nos volvimos a ilusionar,
> quiero ganar la tercera,
> quiero ser campeón mundial.
> Y al Diego
> en el cielo lo podemos ver
> con don Diego y con la Tota
> alentándolo a Lionel...

13 de diciembre

¡Ay, Croacia, Croacia! La final tan cerca y tan lejos. Semifinales contra la finalista de Rusia 2018. Una generación de jugadores excelentes, con Modric en la sala de máquinas, pero la sensación es que Croacia ya agotó su suerte en los cuartos de final contra Brasil, eliminándola en una tanda de penaltis cuando habían hecho un planteamiento muy conservador.

El partido arranca con la solemnidad de una semifinal, con ambos equipos paralizados entre la duda de jugar para no perder o para ganar. En medio de estas indecisiones se repite una acción que ya hemos visto tres veces en este Mundial: penalti a favor de Argentina. Messi, pues –quién, si no–, lo chuta y marca. Como hasta ahora no había mucho que comentar, los amantes de las estadísticas se apresuran a contarnos que ese gol tiene el honor de ser el undécimo que consigue en una Copa del Mundo, superando así el récord de máximo goleador argentino que poseía Batistuta.

Croacia, claro, está obligada a reaccionar y empieza a atacar alegremente, lo que significa que hay más espacios para que los argentinos corran, y cinco minutos más tarde, en un contragolpe muy bien llevado, Julián Álvarez marca el segundo gol: 2-0. Los croatas aún no se habían recuperado del primer mazazo y el partido se les hace cuesta arriba. Para los aficionados que se desgañitan en todo el mundo con las caras pintadas de blanco y azul celeste –*muchaaacho*s...–, este resultado antes del descanso es un lujo, y además se trata del primer gol del campeonato en el que no participa Messi. De hecho, hasta ahora solo lo hemos visto al chutar el penalti, pero en la segunda parte empieza a aparecer allí donde haga falta, combinando bien y aprovechando los espacios que dejan los croatas. El depredador sabe que se avecina el momento de saltar. Además, Argentina parece tener la lección bien aprendida y no se fía del resultado favorable, y por si acaso en el minuto 70 nuestro héroe esculpe en doce segundos esa jugada que para muchos será emblema del Mundial, cuando Messi deja atrás al defensa Gvardiol y centra para que Álvarez consiga el 3-0 definitivo. (No la describo de nuevo porque ya la habréis leído al principio de este libro.) A partir de ese momento, los croatas se desinflan, es como si todavía intentaran descifrar qué ha pasado en ese tercer gol, o quizá inconscientemente piensan que no merecen desvirtuarlo luchando. En Radio Nacional de Argentina, el periodista Víctor Hugo Morales narra la jugada, canta el gol y luego se suelta la lengua: «¡Viva el fútbol! ¡Viva Messi! ¡Arlequino maravilloso, servidor del arte del fútbol, mimo increíble, con un solo gesto capaz de mostrar la belleza del deporte, aladino eterno del fútbol, zurda infinita y extraordinaria!».

Después del partido, cuando le preguntan a Messi por la jugada magnífica, es como si la viéramos con sus ojos, como una cámara subjetiva: «Vi que varios jugadores cruzaron delante mío, por suerte el balón me fue quedando y pude hacer el gol» —y todo eso lo dice como si no hubiera hecho nada especial.

17 de diciembre

Antes de jugar la final contra Francia, los aficionados argentinos ya la han perdido y ganado mil veces, han hecho porras y han discutido posibles alineaciones, y todo este ruido es tan solo una forma de distraer el tiempo. Uno puede imaginar que esta incertidumbre está presente también entre los futbolistas, encerrados en su bunker, pero después de ganar la semifinal Tagliafico resumía muy bien el estado de ánimo del equipo: «Cuando ves a Messi hacer lo que hace te dan ganas de seguir corriendo, nos contagia. Somos no solo once, somos veintiséis y muchos más detrás, a un paso de la gloria».

El fútbol desplegado hasta ahora, pues, es el gran aliciente creativo, pero también el motor de un estado de ánimo. Por si acaso, la noche previa a la final, el Kun Agüero se quedará a dormir en la habitación de Messi, como en los viejos tiempos. Es un ritual simbólico y a la vez un reconocimiento de la presencia del Kun, que pese a no estar en la selección durante todo el Mundial los ha acompañado como una especie de talismán.

18 de diciembre

Esto se acaba. La final contra Francia tiene muchos alicientes, primero porque son los actuales campeones y querrán defender su título, y luego porque su principal estrella, Mbappé, es compañero de equipo de Messi en el PSG. En un instante de lucidez (o de alucinación) pienso que, si yo fuera Mbappé, con veinticuatro años, un Mundial en el palmarés y mucho futuro por delante, pensaría que si alguien merece ganarlo es Messi, y que quizá, quizá, inconscientemente, ya me parecería bien quedar segundo.

Ahora que ya ha pasado un tiempo y hemos digerido el partido y toda la locura colectiva que se desató después, la sensación es que la final ganada por Argentina fue un compendio de todo lo vivido en los partidos previos, casi como un repaso de las alegrías y ansiedades que los habían llevado hasta las puertas de la gloria. Así, el encuentro empezó con el dominio de los argentinos, que jugaban con más ganas. Francia se comportaba como si le faltara motivación y contundencia, no sé si aturdidos aún por el discurso que les había dirigido el presidente Macron en el vestuario. El gran organizador de Francia, Griezmann, estaba desaparecido, perdido, aislado, y entonces, tal como ya había ocurrido anteriormente, el juego se desatascó gracias a un penalti en el minuto 22 que nuestro querido Dembélé hizo sobre Di María. Penalti claro, digamos, que Messi –quién, si no– anotó. Un rato después, cuando los sudamericanos seguían dominando, una combinación al primer toque, ingrávida y como de ballet clásico, Messi-Álvarez-Mac Allister, culminó con un gol de Di María; quedó todo muy plástico, aunque él lo estropeó un poco al celebrarlo haciendo con las manos ese gesto tan cursi de simular un corazón. Pero se lo perdonamos porque era la final.

A partir de ese momento el partido pareció controlado por los de Messi, sin muchos espantos, y entonces, cuando se acercaban a los minutos finales, como si con un poco de pimienta Argentina le encontrara más gusto a la victoria, dos zarpazos de Mbappé en tres minutos empataron el partido: el primero de penalti y el segundo de un remate imparable. Todo el mundo se frotaba los ojos. Aquel partido ya lo habíamos visto, en parte contra Australia y sobre todo contra Países Bajos, y lo peor es que aún quedaban diez minutos de sufrimiento y miedo. De pronto, la prórroga ya no pareció un problema, sino la salvación.

Como si de un partido dentro del partido se tratara, esos treinta minutos extras alargaron la incógnita hasta el último segundo. Ya en la segunda parte de la prórroga, una jugada argentina bien trenzada acabó con un gol de –quién, si no– Leo Messi, un gol de remate oportunista y además tirado con la pierna derecha. *Trois-deux, voilà.* Pero no era suficiente: unos minutos después el árbitro pitó otro penalti a favor de Francia, por manos dentro del área, culminando así un partido capicúa: Mbappé volvió a marcar, *trois-trois,* y el destino los abocaba al abismo insondable de decidir toda una final a los penaltis.

Si Peter Handke estaba viendo el partido, seguramente sonrió desde el sofá.

Antes, sin embargo, en el último aliento, todavía hubo tiempo para provocar varios ataques al corazón, porque el delantero francés Kolo Muani dispuso de un disparo limpio, diáfano, de esos que si marcas eres el héroe y si fallas te perseguirán toda la vida como una pesadilla, y el Dibu Martínez se lo detuvo con una estirada prodigiosa, como si sus brazos y piernas fueran extensibles.

Yo creo que el influjo de ese instante se proyectó sobre el ánimo de los jugadores –estas cosas pasan– y a partir de ese momento Argentina tuvo la estrella de los penaltis a su favor. Abrieron fuego Mbappé y Messi –quienes, si no–, que hicieron diana, pero después un Dibu inspiradísimo volvió a detener el disparo de Koman, y el de Tchouaméni se marchó fuera, Montiel marcó el decisivo y todo Argentina estalló de alegría. Campeona por tercera vez en la historia, tres estrellas en el escudo. Messi tenía ya su Mundial.

Aquella noche, después de ver cómo el capitán levantaba la copa con la camiseta albiceleste medio oculta por la túnica negra que le impusieron las autoridades de Qatar –un error que permitió la FIFA–, salí a la calle y vi cómo miles de argentinos cantaban, bebían y celebraban el éxito en Barcelona, la segunda ciudad de Messi. Más tarde, me fui a dormir con la sensación de que esta Copa del Mundo no solo la ha ganado Leo Messi. O la Argentina de Leo Messi. No, esta copa la hemos ganado todos los aficionados, incluso la han ganado los futbolistas de Francia que creen haberla perdido, porque al fin y al cabo quien ha ganado es el Fútbol.

MORTAL

A veces, cuando me doy cuenta de que me estoy haciendo mayor, de que ya he visto muchos partidos y de que las figuras del Barça son cada vez más jóvenes –Pedri, Gavi, Ansu Fati, Balde–, una repentina conciencia de la mortalidad hace que me pregunte: ¿qué hará Leo Messi cuando ya no juegue en el fútbol profesional?

Puede que vaya demasiado deprisa y primero debamos plantearnos dónde acabará su carrera. A estas alturas –enero de 2023– podemos tener la impresión de que la victoria de Argentina en el Mundial lo ha rejuvenecido y su despedida queda más lejos que antes; quizá porque sabemos que ya no está en Barcelona, cerca de nosotros, sino jugando en los fríos estadios de Francia. Quizá también porque de repente, con una Copa del Mundo en el palmarés y el convencimiento global de que es el mejor de la historia, tiene una libertad creativa –digámoslo así– que le puede dar alas. Incluso, según como se mire, todavía podría llegar a jugar otro Mundial, el de 2026 que se celebrará conjuntamente en Canadá, Estados Unidos y México. Será el verano en el que cumpla treinta y nueve años, y se convertiría así en el primer futbolista que participa en seis mundiales, seis. De momento, Messi ha dicho que quiere continuar en la albiceleste «para honrar el título», y algunos periodistas argentinos han sugerido, más como un deseo que como una noticia verificada, que podría retirarse tras la Copa América de 2024. Entretanto, habrá que ver qué ocurre con los retos más inmediatos, como el de hacerse con un octavo Balón de Oro que sería el reconocimiento a toda una carrera única.

Si ahora estas especulaciones nos resultan problemáticas es porque durante años nos acostumbramos a una certeza: Messi colgaría las botas en Can Barça. Como máximo nos imaginábamos una breve temporada en el Newell's Old Boys, un viaje sentimental a sus orígenes, para volver después al Barcelona, despedirse con todos los honores y quedarse a vivir en la ciudad con la familia. Por eso el 25 de agosto de 2020 nadie estaba preparado. Ni siquiera él, Messi. Quizá él menos que nadie.

Dentro de unos años puede que todo el asunto parezca solo una anécdota, pero entonces la noticia cayó como una bomba en el mundo del fútbol. Parecía imposible, una broma de mal gusto. A través de sus abogados, Leo Messi había enviado un burofax a las oficinas del FC Barcelona anunciando que quería irse. Efecto inmediato. Según su interpretación del contrato, tenía libertad para elegir su destino en la próxima temporada, y su intención era buscar un equipo que le ofreciera otros retos. El club le respondió enseguida que aquello era imposible: el contrato estaba de parte de ellos, la oportunidad ya había pasado, y si quería desvincularse del Barça debería pagar la cláusula de 700 millones de euros, una cifra irreal, como de Monopoly. Si no se ponían de acuerdo, un juez debería resolver quién tenía la razón, en un proceso que se prolongaría durante meses. Sin embargo, para muchos aficionados, lo importante no era quién ganaría el pleito, sino que ya habíamos perdido todos: por primera vez nos obligaban a imaginar un futuro sin Messi vestido del Barça.

Pronto corrió el rumor de que el club más interesado en fichar al astro azulgrana era el Manchester City que entrenaba Pep Guardiola. Será como irse al exilio durante un par de años, nos decíamos algunos para no deprimirnos, y luego ya volverá. Estaba claro que Messi podía conseguir un *transfer* provisional de la FIFA y jugar en la Premier League, pero cabía la posibilidad de que al cabo de unos meses un juez les obligara a pagar un traspaso, una cifra que podía ir de un euro simbólico al total de 700 millones. Era evidente, pues, que ni el Manchester City ni ningún otro club estaría dispuesto a arriesgar el pago de ese dinero, sobre todo teniendo en cuenta que unos meses más tarde, el 30 de junio de 2021, el jugador sería libre de decidir adónde quería ir. Ante las dudas, Messi acabó anunciando en una entrevista hecha a medida que se quedaba una temporada más en el Barça. Lo hizo a regañadientes, a la fuerza, y sin ahorrarse las críticas al presidente Josep M. Bartomeu. Su gesto tenso y triste le delataba, pero aseguró que lo daría todo por el equipo, como siempre, algo que nadie dudaba —y así fue—. Messi había esperado que el FC Barcelona le dejaría marchar libre, como un reconocimiento a la complicidad de todos esos años de ofrecerle su juego y los triunfos, pero calculó mal. La dirección del club no estaba dispuesta a asumir ese agravio que definiría su gestión lamentable para siempre. Aquello era una victoria de la burocracia sobre la ilusión, de los despachos sobre el juego bonito. A pesar de mi egoísmo de aficionado que deseaba verle jugar en el Barça un tiempo más —otro gol, va, por favor—, comprendí que el club debería haberle dado la libertad de irse cuando él quisiera. Se la había ganado con creces.

A favor de Messi cabe decir que en los últimos cinco años la gestión del FC Barcelona había sido un funesto desastre que un día se estudiará en ESADE para explicar qué es lo que no hay que hacer al dirigir un club. Con una persistencia que a veces parecía intencionada y malévola, Josep M. Bartomeu y sus directivos habían descuidado el estilo de juego que en su día Johan Cruyff introdujo como seña de identidad y Pep Guardiola había perfeccionado siendo entrenador. También habían gastado cientos de millones de euros en fichajes fallidos, decisiones poco razonadas que además cerraban el paso a los jóvenes de las categorías inferiores. Sin embargo, la peor consecuencia era que esta gestión errática no ofrecía garantías de continuidad al equipo tras la marcha de nombres míticos como Puyol, Xavi o Iniesta.

De pronto, la derrota histórica en la Champions League ante el Bayern de Múnich (8-2) nos mostró de forma traumática el estado casi ruinoso del equipo y del club, al borde de la quiebra económica. Hacía falta un cambio radical. Muchos nos imaginábamos que Bartomeu dimitiría y convocaría elecciones, pero en ese momento no ocurrió. Al contrario: para preservar el cargo en una huida hacia delante, se cargó al pobre Quique Setién y contrató para sustituirle a Ronald Koeman, quien llamó por teléfono a Luis Suárez —el mejor amigo de Messi dentro y fuera del campo— para decirle que no jugaría más en el Barça. A sus treinta y tres años es probable que ese día Messi se convenciera de que su salida del FC Barcelona era la única solución, un cambio inevitable para llegar en buena forma (física y mental) al Mundial de Qatar.

¿Y ahora qué?, nos preguntábamos muchos aficionados en pleno septiembre de 2020, cuando veíamos de nuevo a Messi junto a sus compañeros en la pretemporada. ¿Qué futuro tiene esto? Al menos, aunque solo fuera por estética, sus años en el Barça no habían acabado con su peor derrota, la más humillante en la Champions. Al menos su historia, que había empezado con una servilleta de papel, no se cerraría con la frialdad de un burofax en plena pandemia por el covid-19.

Ante la presión social, Bartomeu y su junta acabaron dimitiendo un mes después, en octubre, forzando nuevas elecciones a la presidencia. En marzo de 2021 se produjo una imagen para la esperanza: Leo Messi fue a votar como socio en las elecciones del club, una mañana de domingo. Llevaba mascarilla, como todo el mundo, e iba acompañado de su hijo Thiago, y entonces muchos entendimos su gesto —era la primera vez que ejercía el voto— como una crítica a Josep M. Bartomeu y una muestra del compromiso con el Barça, quizá incluso como apoyo silencioso a Joan Laporta: iba a quedarse, renovaría el contrato.

El regreso de Joan Laporta al club meses después y la consecución de una Copa del Rey con Koeman aún de entrenador —4-0 contra el Athletic Club, con dos goles de Messi (quién, si no)–, más las esperanzas que daba la eclosión del joven Pedri, nos distrajeron un poco de la crisis dramática que asolaba al Barça. Incluso parecía que con la renova-

ción del equipo y un ligero cambio en el juego
Messi se estaba empezando a plantear ampliar el
contrato y quedarse en Barcelona. Además, hay que
añadir el éxito de algunas secciones del club, en especial la del equipo de fútbol femenino, que se
consagró en Europa al ganar su primera Champions League y obtener así un triplete en 2021,
además del Balón de Oro que conquistaría Alexia
Putellas. Pero los meses pasaban, se acercaba la fecha de la finalización del contrato de Messi y él no
renovaba, no renovaba. Por otro lado, cada día se
producían nuevas presiones y amenazas del lengua-
raz Javier Tebas –presidente de la Liga de Fútbol
Profesional– sobre la falta de cumplimiento del *fair
play* financiero por parte del Barça.

En medio de este panorama, muchos aficionados seguíamos preguntándonos: ¿y ahora qué,
Messi? La respuesta llegó finalmente en agosto de
2021, como un varapalo que esta vez no solo dejó
aturdido al barcelonismo, sino que dejó a medio
mundo boquiabierto. Aparentemente, como resultado de la pésima gestión económica, el FC Barcelona no podía permitirse pagar el sueldo de Messi
–aunque se lo rebajara a la mitad– y Joan Laporta
anunció que no le renovaban el contrato por mucho que él quisiera. Por decirlo con el eufemismo
que utilizan en Estados Unidos cuando despiden a
alguien del trabajo y no quieren sentirse mal: tenían que dejarlo marchar. He aquí lo absurdo de la

situación: un año atrás, cuando Messi quería irse, el club le obligó a quedarse, y ahora que había decidido que el Barça sería su casa hasta el final, debía irse le gustara o no.

A veces todavía pienso que nos falta información sobre los entresijos de aquellos días de cálculos, avaladores externos y cajas vacías, y seguramente nunca lo sabremos todo. Quizá por eso, alguna noche especialmente nostálgica me pregunto por qué la directiva de Joan Laporta desestimó con tanta contundencia la propuesta de Javier Tebas y la Liga de Fútbol Profesional de hacer negocios con el fondo de capital riesgo CVC. Era una solución que le habría permitido capitalizar al club y afrontar el límite salarial que le pedía la liga, es decir, habría podido inscribir a Messi. Laporta decía que ponía por delante los intereses del club a los del mejor futbolista del mundo –que durante muchos años había ayudado activamente a ganar prestigio y dinero a ese mismo club, no lo olvidemos–, pero ¿de verdad se ponía en alto riesgo el futuro del FC Barcelona haciendo un contrato tan largo y de tanta cuantía? ¿O quizá se dejó convencer demasiado fácilmente por Florentino Pérez y el sueño de una liga europea que hasta ahora no ha llegado a ninguna parte? Son preguntas retóricas, supongo, porque por el momento no tienen una respuesta clara.

Mientras ese chup-chup de incertidumbres seguía hirviendo, la rueda de prensa del adiós de Leo

Messi fue transmitida en directo un domingo al mediodía, como una misa *urbi et orbi* seguida por millones de aficionados, con su familia, amigos y compañeros de equipo presentes en la sala. Aquello sí fue un drama. «Nunca me imaginé mi despedida de esta manera», dijo Messi entre lágrimas desconsoladas y un pañuelo en la mano (que a mí me hacía pensar en la servilleta donde se firmó su primer contrato). Nada de lo ocurrido estaba preparado, y por eso resulta tan difícil admitir que, probablemente, ya no le veremos nunca más con la camiseta de Barça. Ese día, en una situación límite, nos encontramos al Messi más humano, más mortal, llorando igual que lloraba cuando se lesionaba de jovencito, al principio de su carrera, con la amargura de quien ve truncado su futuro. Durante diecisiete años nos había acostumbrado a la extraordinaria rutina de su genio, su fútbol, sus goles, su forma de ser y jugar. Barcelona era su ciudad y le veíamos como un *one club man*: un hombre de club que había crecido aquí, y aquí era donde debía marcar su último gol como profesional.

Al club y al jugador les unía una relación que abarcaba la infancia, adolescencia y edad adulta. Era, es, patrimonio del club —tal y como se dijo y repitió entonces— y una fuente de inspiración para los jugadores que empiezan. No puede ser que este rol se pierda a última hora. «Me hubiera gustado decir adiós con la gente, en el campo, con una última ovación de ellos, un último cariño», dijo también Messi aquella mañana de la despedida, en plena pandemia, y a todos nos quedó claro que su futuro pasa por recibir un gran homenaje, volver a Barcelona cuando se retire y «ser parte de este club».

Mientras esto no ocurra, su traslado al Paris Saint-Germain con un contrato de dos años se convirtió en un ensayo general de su ausencia definitiva. Luego, la impresión de verle llegando a París, vistiéndose con esa camiseta extraña con el dorsal 30, saludando a Sergio Ramos como compañero de equipo –¿cómo podía ser?, ¡qué mala jugada del destino, pobre Messi!– nos hacía preguntar qué nos pasaría a los barcelonistas cuando viéramos a Messi jugando con el PSG. ¿Sabríamos desengancharnos de esa adicción? Ya he dicho anteriormente que la memoria es una gran aliada a la hora de gozar del fútbol. Sin ser del todo conscientes vemos el juego en un doble plano: lo que ya conocemos (y que nos remueve el recuerdo) y lo que descubrimos en directo, en el preciso instante en que tiene lugar ante nuestros ojos. Llevábamos años de entrenamiento para intuir los gestos de Messi, sus movimientos. Era muy posible, por ejemplo, que le viéramos combinar maravillosamente con Neymar y al instante nuestra memoria juguetona nos hiciera revivir algún detalle de los grandes días en que los dos coincidieron en el Barça. O bien un tuya-mía con Di María nos llevaría a verle con la camiseta de Argentina...

¿Lograríamos, pues, que ese recuerdo fuera dulce? Atenta a este previsible sentimiento general, Televisió de Catalunya compró los derechos de la liga francesa y emitía, medio a escondidas, en el canal de Esport3, los partidos del PSG. Al principio muchos culés nos decíamos que no nos perderíamos ninguna actuación de Messi y que, en el fondo, sus goles serían también un poco nuestros, de cuando los cantábamos con el Barça. Me gustaba formularlo con este espejismo: sus piernas viajarán a Francia y a otra liga, pero su corazón seguirá en Barcelona; cada nuevo gol en el PSG será también un gol que podría haber marcado con la camiseta azulgrana.

Supongo que eran estrategias para soportar el duelo por su ausencia, pero el mundo del fútbol va muy rápido y las distancias culturales son mayores de lo que parece a primera vista. Poco a poco el sentimiento general fue que Messi estaba lejos y, además, en un equipo hecho con petrodólares que no generaba simpatía alguna. En Francia el deporte importante es el rugby, nos decíamos, y no el fútbol, y el PSG quiere comprar el éxito, más que construirlo, con mucha codicia y una altivez de nuevos ricos insoportable. Hablo por mí, pero creo que es una opinión compartida que poco a poco nos desinteresamos del destino del PSG, incluso –¡anatema!– cuando el Real Madrid le birló en diez minutos, en un partido que tenían ganado y controlado, la clasificación para los cuartos de final de la

Champions League. Messi no se merecía aquella displicencia de los franceses, pero su club sí, y quizá por eso tampoco nos supo muy mal su eliminación. Un año más, Messi no ganaría la ansiada Champions. La lengua alemana, que tiene nombres para todo, llama *Schadenfreude* a este sentimiento, «la alegría por la pena del prójimo».

Por cierto, la televisión catalana se ahorró la segunda temporada de Messi en la liga francesa: me imagino que las audiencias dictaban sentencia. Yo me dediqué a seguirla con el rabillo del ojo, sin ver los partidos pero recuperando los goles y las jugadas de Messi. Se había adaptado mejor a Francia, era más participativo en el juego del equipo, pero aquello parecía más una larga pretemporada de cara al Mundial con Argentina: se estaba dosificando, poniendo su cuerpo a tono para la gran cita.

Mientras, en Barcelona, con su ausencia y el paso de los meses, crecían otras dudas e intrigas sobre su despedida. Según varios medios, el acuerdo con el club francés por dos temporadas tendría una continuación de dos años más en el Inter Miami, el club de David Beckham y el empresario Jorge Mas Canosa, descendiente de catalanes vía Cuba. Para el digital *The Athletic* es fácil establecer el vínculo: Beckham terminó la carrera de futbolista en el Paris Saint-Germain y su amistad con su presidente, Nasser al-Khelaïfi, se ha traducido posteriormente en su designación como embajador del Mundial de

Qatar. No debería descartarse que el acuerdo ya se hubiera previsto bajo alguna fórmula cuando firmó el contrato en París. Por otro lado, señala también *The Athletic*, en términos comerciales la llegada del jugador argentino a la liga de fútbol de Estados Unidos (MLS) significaría la expansión de la marca Messi en un mercado de gran potencial, al tiempo que sería una excusa perfecta para poner en marcha la construcción de un nuevo estadio más grande y moderno en Miami; la contrapartida es que debería ajustarse su sueldo a las franquicias que rigen la MLS. Para acabar de darle el toque sentimental, los rumores también dicen que si Messi acudiera al Inter Miami, se sumarían sus amigos Cesc y Suárez. Como ir de vacaciones a Key Biscaine, vamos, una repetición de lo que ya hicieron juntos en el verano de 2021.

Para complicar más el asunto, en mayo de 2021 Messi firmó un contrato con Arabia Saudí como embajador para la promoción turística, un gesto moralmente más que dudoso y reprobable. Puede que para él sea tan solo un acuerdo comercial más, pero lo hace con un país que no respeta los derechos humanos, que asesinó al periodista Jamal Khashoggi y que carece de libertad de prensa; por otro lado, según Unicef –de la que Messi también es embajador, caramba–, es corresponsable de la muerte de diez mil niños por su participación en el conflicto con Yemen. En un artículo publicado en *La Vanguardia*, titulado «Carta abierta a un mercenario», el periodista

John Carlin expresaba muy bien la estupefacción y la indignación que muchos sentimos ante ese mal paso:

> Cuando la gente me preguntaba de qué equipo era llevaba años diciendo que mi equipo sos vos. Pobre de mí –ridículo de mí– he dicho las siguientes palabras más de una vez: «Messi es lo más cercano que tengo a una religión». Nunca más. Como futbolista nunca vi nadie mejor, nadie que me diera más placer, durante más años, con la pelota en los pies. Pero como persona... siempre albergué la sospecha de que eras un boludito.

Ahora el mal ya está hecho, y siempre podemos refugiarnos en la duda de si el entorno barcelonista le habría aceptado o incluso censurado una decisión tan controvertida e impopular, que daña su reputación. También podemos verlo como una consecuencia del rumbo que tomó su vida cuando tuvo que dejar al Barça. Puede ser una ayuda, por ejemplo, la miniserie *FC Barcelona: A New Era*, dirigida por Marc Pons Molina, que Amazon Prime estrenó en diciembre de 2022. Los cinco capítulos de esta primera temporada quieren ser una crónica de los cambios en el equipo y el club que llevaron a la dimisión de Bartomeu, la salida de Messi y, sobre todo, la llegada de Xavi y su equipo para dirigir un nuevo proyecto deportivo, una nueva era. Más allá del carácter de publirreportaje para animar a los barcelonistas y dar confianza a Xavi, es interesante comprobar las diferencias entre el trato y la forma de hablar que tenía Koeman con los jugadores y directivos, y la proximidad de colega de Xavi.

La cámara discreta es también testigo de algunas reuniones entre Koeman y Josep M. Bartomeu, y de otras con algunos de sus directivos –por ejemplo, cuando deciden que hay que decir a Luis Suárez que no continuará en el club–, y las imágenes exudan un ambiente poco relajado, medio turbio, de una simpatía impostada. Es la misma gente que hoy está imputada por la campaña de difamación de jugadores del Barça, por administración desleal y corrupción en los negocios del club en el llamado *Barçagate*, que descubrieron los periodistas Adrià Soldevila y Sergi Escudero en el programa *Què t'hi jugues*, de Sique Rodríguez, en la Cadena SER.

Es la misma gente que, para reducir la masa salarial del club y presionar a los jugadores para que negociaran, supuestamente filtraron a la prensa los contratos privados de jugadores como Gerard Piqué y Lionel Messi.

Es la misma gente que, en mensajes privados de móvil, intervenidos por los Mossos d'Esquadra y filtrados a la prensa, supuestamente describían a Messi como «un enano hormonado que le debe la vida al Barça» y «una rata de alcantarilla».

No eran trigo limpio, no.

INMORTAL

Hablando de la decadencia literaria de Nabokov, Martin Amis decía que «los escritores mueren dos veces: una cuando muere su cuerpo, y otra cuando muere su lenguaje». El símil puede adaptarse a los futbolistas de forma casi literal: «Los futbolistas mueren dos veces: una cuando muere su cuerpo, y otra cuando muere su juego». Llega un día en que la cabeza sigue jugando, pero las piernas y el cuerpo ya no responden con la misma eficiencia. A medida, pues, que va muriendo el juego –el lenguaje–, los buenos futbolistas son los que saben adaptarse a las nuevas circunstancias: modulando su estilo, aprovechando mejor ese talento que no se agota, buscando una liga en la que se juegue a menos velocidad (y paguen bien) o, si no, dejándolo antes de convertirse en una caricatura. Nada más dramático que un largo adiós que te lleve a decir: «¡La carne es triste, *hélas*, y ya he marcado todos los goles!».

Éric Cantona se retiró a los treinta años, demasiado pronto, y luego se dedicó al cine. En declaraciones a *L'Équipe* explicaba: «Soy una persona curiosa por naturaleza. Cada día tengo que encontrar algo nuevo, incluso las cosas más sencillas. Es un estado de curiosidad permanente que me permite progresar». Esta curiosidad, muchos futbolistas solo pueden dirigirla hacia el fútbol. Como se han pasado toda la vida en ese microclima, cuando se retiran buscan formas de no dejar del todo la reserva india. La más obvia, claro, es sacarse el título de entrenador para seguir pisando el césped y el vestuario, y la más llamativa es convertirse en un comentarista televisivo (aunque no son muchos los que tienen el don de la palabra). Aparte de estas opciones, siempre hay alternativas. Roberto Baggio se sacó el título de entrenador, se convirtió al budismo y hoy dedica parte de su tiempo a acciones humanitarias. Hace poco, un jugador secundario del Manchester United de los años noventa, Philip Mulryne, salió en los periódicos porque le acababan de ordenar sacerdote. Arjan de Zeew, un holandés que pasó por varios clubes ingleses, se hizo detective cuando colgó las botas; Romario es senador federal (para el partido del reaccionario Bolsonaro) en el estado de Río de Janeiro, y George Weah, elegido mejor jugador africano en tres ocasiones, ganó en enero de 2018 las elecciones a presidente de su país, Liberia, y ha aceptado presentarse a un segundo mandato.

Repito, pues, la pregunta que me hacía anteriormente: ¿qué va a hacer Messi cuando ya no juegue al fútbol? Una gran parte de su talento no se puede enseñar, ni transmitir, y la verdad es que no me lo imagino como entrenador. Habiendo sido Gardel, como dicen los argentinos de sus ídolos, le sale más a perder que a ganar. No le veo tampoco la voluntad de convertirse en un oráculo del estilo de Cruyff, de esos que de vez en cuando son preguntados y nos ilustran sobre quién es el mejor.

Una estrella irrepetible del baloncesto como es Michael Jordan, que se retiró dos veces, decía que las ganas de jugar no desaparecen nunca, nunca. Quizá por eso existen los partidos de veteranos, que hoy en día se han convertido en un subgénero comercial. Mis Amigos contra Tus Amigos, una forma de volver al fútbol de la niñez –el que trae la pelota elige primero– y reencontrarse con los viejos compañeros y rivales para recordar batallitas. Ronaldinho, por ejemplo, jugó los últimos años de su carrera –en el Querétaro y más tarde en el Fluminense– como si participara siempre en partidos de veteranos, con un despliegue de filigranas y haciendo prácticamente todos los pases mirando en la dirección opuesta.

Un detalle importante es que el único contrato que Messi tiene firmado de por vida es con Adidas, que le paga una cantidad que no es pública por llevar siempre su marca. Es de suponer, pues, que cuando se retire seguirá siendo esa presencia, la idea de Messi que nos hemos hecho durante todos estos años de gloria, y quizá lo veamos de vez en cuando en campañas de publicidad, en actos benéficos de su fundación, prestando su imagen de niño eterno para las causas justas.

En cuanto a su ausencia de los campos de fútbol, especialmente del Camp Nou, a lo mejor podemos entenderla con un verso del poema que W. H. Auden escribió a la muerte de W. B. Yeats: «Se convirtió en sus admiradores». Me gustaría creer que, cuando ya no juegue, en días memorables, el público del Camp Nou lo recordará gritando «¡Messi, Messi, Messi!», casi como una forma de premiar el talento de los demás jugadores, o como una exaltación de los tiempos felices. Si, además, él está en el palco, lo celebraremos con más razón.

También podemos estar seguros de que Messi seguirá jugando en ausencia, desde el recuerdo. ¿Cuánto tiempo seguiremos viéndolo cuando ya no esté sobre el césped? A lo largo de los años y los títulos, este Barça de la edad de oro ha conseguido unos automatismos, una repetición del estilo, que nos ha predispuesto a *ver* las jugadas mentalmente. Si oigo en la radio la retransmisión de un partido y el locutor dice que Messi da un pase en largo por encima de la defensa hacia Jordi Alba, conservo muchos similares en mi memoria y me ayudan a visualizarlo. Y así ocurre con otras jugadas. Piqué saca el balón

216

por el centro de la defensa y sube al ataque. Iniesta combina en el balcón del área con Messi. Ter Stegen hace una parada providencial con su cuerpo, cuando un rival remataba a bocajarro. Busquets asegura la posesión, la toca y se ofrece a De Jong... Lo vemos todo. Tenemos detrás a una generación de futbolistas irrepetibles que se ha impuesto a nuestra imaginación. Nos la ha educado, podríamos decir, pero por suerte sin limitarla: también hay lugar para las fantasías de Messi, para los remates imposibles de Suárez. La suerte y la desgracia de este estilo es que, cuando un jugador se va, o se retira, su presencia tarda más en esfumarse. Hoy en día sigo buscando a Xavi en la medular, girando sobre sí mismo hasta que se quita de encima a su marcador, o espero que Jordi Alba aparezca en el lateral derecho para combinar con Messi (por supuesto, él ha ido más deprisa que mi memoria para buscarse nuevos socios en el ataque), y tuvo que pasar un tiempo para que Mascherano y luego Piqué y ahora Araújo me hicieran olvidar la presencia intimidatoria de Puyol. Y no solo viaja hacia el pasado la memoria, también se lanza hacia el futuro, y ahora, por ejemplo, me gustaría ver a nuestro Messi combinando con Pedri, o aprovechando las galopadas de Balde por la banda izquierda y el ímpetu de Gavi para robar balones en el balcón del área...

Ya lo ven, podemos distraernos con subterfugios, podemos buscar excusas, pero un día u otro empezaremos a preguntarnos cómo será la vida sin él en el campo, sin la Pulga. Antes de que llegue la tristeza, deberíamos hacer caso de las palabras que le dedicó el periodista Simon Kuper: «Vivimos en los años de Messi, y tal vez la mejor forma de pasarlos es viendo todos y cada uno de sus partidos». Ahora mismo no se me ocurre ninguna alternativa mejor para prolongar la felicidad y olvidarnos del día en que Messi tenga la gracia de hacer el mutis final, salir de escena y volverse definitivamente inmortal.

AGRADECIMIENTOS

Al principio de su libro *Football* (Les Éditions de Minuit, 2015), Jean-Philippe Toussaint escribe: «Este libro no gustará a nadie, ni a los intelectuales, a quienes no les interesa el fútbol, ni a los aficionados al fútbol, que lo encontrarán demasiado intelectual. Pero yo necesitaba escribirlo, no quería romper el hilo delgado que todavía me une al mundo». Mientras escribía estas páginas sobre Messi, en más de una ocasión he pensado en las palabras de Toussaint. ¿Messi? ¿Leo Messi? He aquí un libro destinado al olvido, porque todo el mundo sabe tanto de él, tantos detalles y anécdotas, que nadie querrá leerlo, y al fin y al cabo un vídeo con sus goles es más emotivo que todos los comentarios que yo pueda añadir. Y sin embargo me apetecía prolongar todos los momentos de felicidad que me ha dado, quizá también como un vínculo con el mundo.

En los intelectuales, en cambio, no pensé mucho mientras escribía. Quizá porque esa distancia

219

insalvable cada vez lo es menos gracias a algunos periodistas que se dedican a narrar el fútbol con otra mirada. Desde hace prácticamente veinte años, tengo la suerte de escribir a menudo en la prensa sobre fútbol y en especial sobre el Barça. Todo lo que he aprendido –la colocación y la técnica, la confianza a la hora de dar un pase arriesgado– se lo debo a algunos amigos y maestros. El primero tiene que ser Ramon Besa, en el diario *El País,* que fue el que me hizo debutar. Después David Torras, Albert Guasch y Eloy Carrasco, en *El Periódico,* que no me dejan calentar banquillo. Perikles Monioudis me convirtió en internacional en *The FIFA Weekly.* Y con ellos, todos sus compañeros de sección. Añado, también, el recuerdo de los partidos amistosos en las horas más intempestivas: la tertulia nocturna de RAC 1 en *Cafè Baviera,* con Xavier Bosch, y más adelante la de Catalunya Ràdio con Bernat Soler. A todos ellos les doy aquí mi agradecimiento.

ÍNDICE

Preámbulo de calentamiento   9

Debut   25
Un niño   29
La servilleta de papel   35
Adjetivos   41
Cristiano Ronaldo   47
Sacrificio   55
Antes y después   63
Penaltis   69
Siglo XXI   75
Diego Armando   87
Aerodinámica   93
Maradona   99
Caminar   105
Ronaldinho   111
Lesiones   119
No ficción   127
Sonrisas y lágrimas   135

Ficción 143
Tatuajes 149
Me acuerdo 155
Cuatro mundiales, o cinco 165
Diario de Qatar 177
Mortal 197
Inmortal 213

Agradecimientos 219